Forum
Geschichte

Arbeitsheft Geschichte 1

Von der Urgeschichte bis zum Ende des Römischen Reiches

Mit Lesetraining, Wahlaufgaben,
Methoden „Fragekompetenz" und „Urteilen"

Erarbeitet von Andreas Angerstein
und Marko Schulz

Inhalt

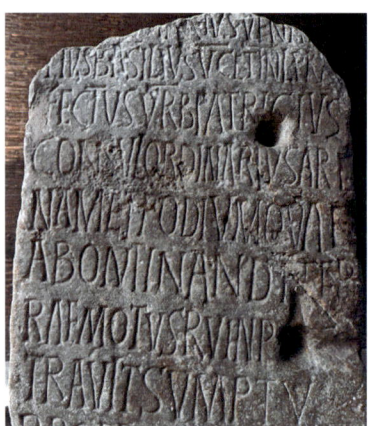

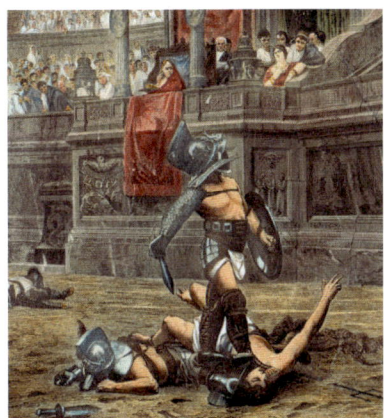

Personen in der Geschichte

Jeder Mensch hat eine Geschichte, genauso wie jede Familie. Aber was bedeutet es, eine Geschichte zu haben? Auf dieser Seite kannst du am Beispiel deiner eigenen

Familie erforschen, was dies heißt und welche Geschichte deine Familie hat.

M 1 **Familienfoto**

M 2 **Informationen zum Foto**

Frage	Information
Wann und wo ist das Bild entstanden?	
Welche Personen sind abgebildet?	
Welche Beziehung habe ich zu diesen Personen?	
Aus welchem Anlass ist das Foto entstanden?	
Sonstiges	

M 3 Die Geschichte des Fotos

_____
_____
_____
_____
_____
_____
_____
_____
_____
_____
_____
_____
_____
_____

M 4 Bedeutung des Fotos

_____
_____
_____

1 Wähle ein Foto, das deine Familie zeigt, aus und klebe eine Kopie davon in M1 auf.
2 Sammle die wesentlichen Informationen zu dem Foto und trage sie stichpunktartig in M2 ein.
3 Verfasse auf dieser Grundlage eine Geschichte zu dem Foto und schreibe sie in M3 auf.
4 Erkläre, wieso gerade dieses Foto für dich und deine Familie besonders wichtig ist.

Ahnentafel

Eine weitere Möglichkeit, die Familiengeschichte darzustellen und dabei die eigene Herkunft zu untersuchen,
bietet die Ahnentafel. Auf dieser Seite kannst du eine

Ahnentafel für deine Familie erstellen. Du selbst bildest
dabei den Ausgangspunkt. Von dort aus gehst du immer
weiter in der Familiengeschichte zurück.

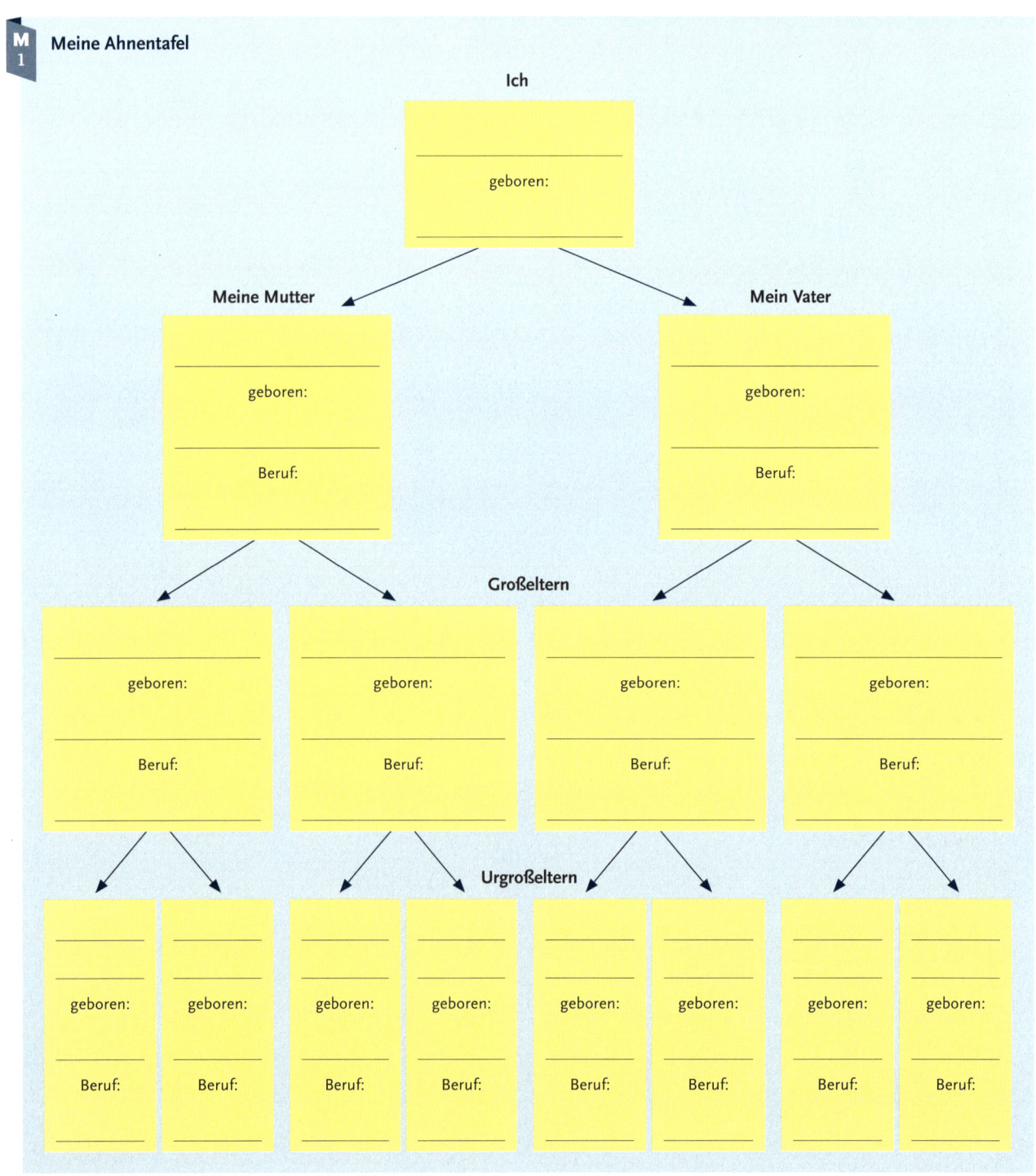

M 1   Meine Ahnentafel

1 Recherchiere in der eigenen Familie nach deinen Vorfahren bzw. Ahnen. Trage sie in die Ahnentafel M1

ein. Sammle folgende Informationen: Name, Geburts-
datum und Beruf.

Einen Zeitstrahl erstellen

Wenn wir historische Ereignisse näher untersuchen wollen, ist es wichtig, herauszufinden, wo und vor allem wann sie stattgefunden haben. Oft untersuchen wir auch mehrere Ereignisse, um einen Gesamtzusammenhang zu erforschen. Um diese Ereignisse geordnet darzustellen, kann man einen Zeitstrahl einsetzen. Wie man einen Zeitstrahl erstellt, kannst du auf dieser Seite erfahren.

M 1 **Arbeitsschritte bei der Erstellung eines Zeitstrahls**

1. *Wähle Ereignisse aus, finde das Datum heraus und ordne sie zeitlich.*
2. *Wähle entsprechend den Ereignissen einen Maßstab für den Zeitstrahl (z.B.: 1000 Jahre entsprechen 2 cm).*
3. *Zeichne einen Zeitstrahl mit Skala und trage anschließend die entsprechenden historischen Ereignisse ein.*

1000 v. Chr.   o   1000 n. Chr.

Ereignis   Christi Geburt   Ereignis

M 2 **Historische Ereignisse**

☐ 1492 n. Chr. Columbus entdeckt Amerika

☐ 476 n. Chr. Ende des Weströmischen Reichs

☐ ca. 1500 v. Chr. Aufstieg Ägyptens zur Großmacht

☐ 333 v. Chr. Alexander der Große siegt in der Schlacht von Issos

☐ 753 v. Chr. Gründung Roms der Sage nach

M 3 **Zeitstrahl**

Teste dich

Das konnte ich gut

Das muss ich noch üben

1 Erstelle einen Zeitstrahl anhand der Vorgehensweise in M1.
- Bringe die historischen Ereignisse aus M2 in die richtige zeitliche Reihenfolge, indem du sie nummerierst.
- Überlege dir einen sinnvollen Maßstab für den Zahlenstrahl M3 und beachte, dass Christi Geburt ebenfalls auf dem Zeitstrahl Platz finden muss.
- Trage die geordneten Ereignisse aus M2 in den Zeitstrahl M3 ein.

2 Zeichne einen Zeitstrahl zur Geschichte deines Heimatortes auf ein extra Blatt. Nimm den Zeitraum von 1900 bis zur Gegenwart. Frage dazu Verwandte oder Bekannte nach bedeutenden historischen Ereignissen. Wähle zehn bedeutende Ereignisse aus.

3 Trage in den Kasten „Teste dich" ein, was du bei der Methode „Zeitstrahl erstellen" gut konntest und was du zukünftig noch üben musst.

Quellenarten

Woher wissen wir etwas über die Geschichte, wenn wir selbst nicht dabei gewesen sind? Diese Frage lässt sich auf sehr unterschiedliche Weise beantworten. Wenn wir zum Beispiel im Fernsehen eine historische Dokumenta- *tion sehen, erfahren wir etwas über die Geschichte. Aber woher haben die Produzenten der Sendung ihre Informationen? Wie das funktioniert, kannst du auf dieser Seite erfahren.*

M1   Informationstext

Um etwas über die Geschichte zu erfahren, sind wir darauf angewiesen, dass uns jemand oder etwas davon berichtet, da die Ereignisse meistens viel zu lange zurückliegen. Diese Dinge oder Personen nennen wir „Quellen". In unserem Alltag begegnen wir vielen Quellen: zum Beispiel einem Bild, einem
5 Brief oder auch der Großmutter.
Um die verschiedenen Quellen besser zu ordnen, hat die Geschichtswissenschaft verschiedene Quellenarten benannt. So gibt es gegenständliche Quellen, wie zum Beispiel Häuser, Werkzeuge, Schmuck. Unter bildlichen Quellen werden Gemälde, Fotos, Zeichnungen und auch Filme zusammengefasst.
10 Die bedeutendste Art sind die schriftlichen Quellen, denn davon gibt es am meisten, zum Beispiel Bücher, Urkunden, kurze Notizen und Briefe.
Aber auch Menschen können Quellen sein. Wenn deine Großmutter dir etwas aus der Vergangenheit berichtet, nennen wir das mündliche Quelle.
Verfassertext

M2   Definition „Quelle"

_____

_____

_____

_____

_____

_____

M3   Quellenarten

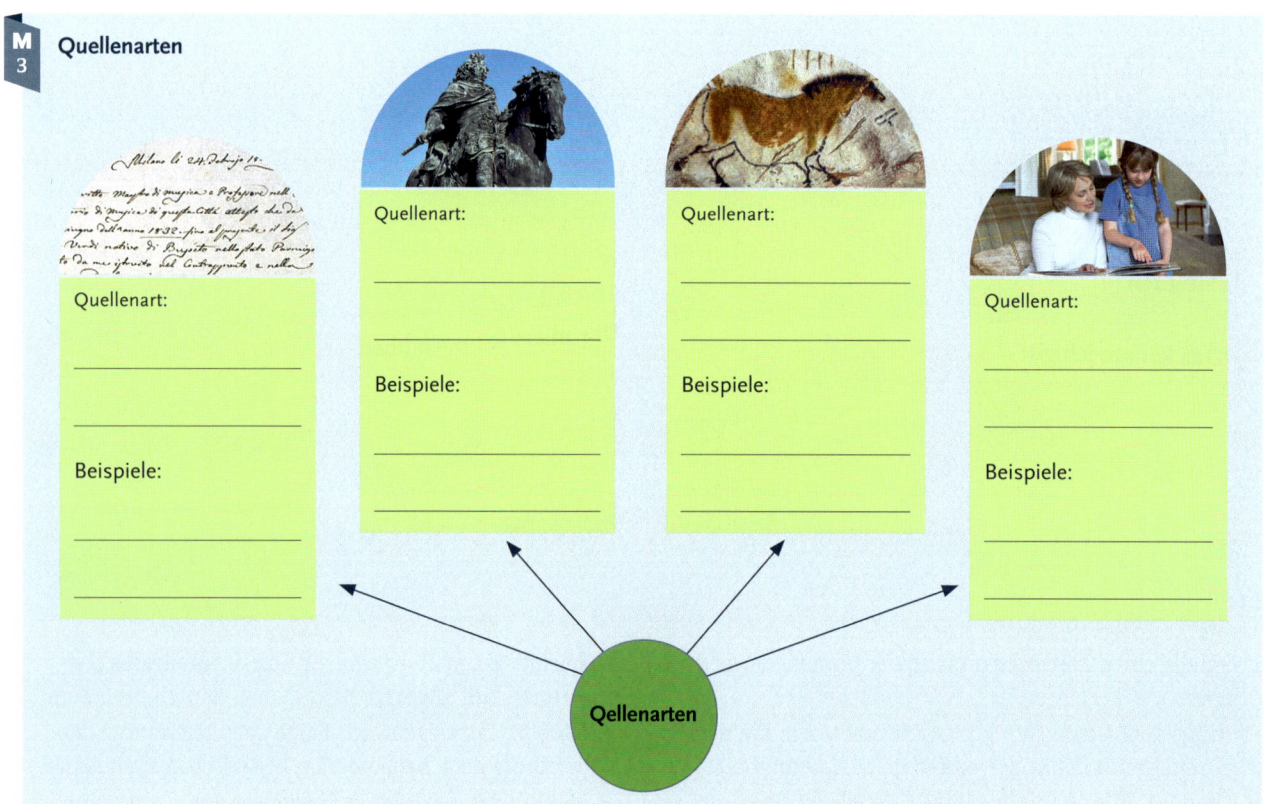

Quellenart:

_____

_____

Beispiele:

_____

_____

Quellenart:

_____

_____

Beispiele:

_____

_____

Quellenart:

_____

_____

Beispiele:

_____

_____

Quellenart:

_____

_____

Beispiele:

_____

_____

Qellenarten

1 Erkläre unter Zuhilfenahme von M1 den Begriff „Quelle". Schreibe dafür zwei Sätze in M2 auf.

2 Benenne die verschiedenen Quellenarten. Finde jeweils Beispiele und trage sie in M3 ein.

Die Geschichtswissenschaft und ihre Hilfswissenschaften

Da historische Ereignisse oftmals sehr intensiv erforscht werden müssen, um sie richtig zu verstehen, vermag es die Geschichtswissenschaft nicht allein, alle Untersuchungsfelder zu beleuchten. Daher greift sie auf die For- *schungsergebnisse anderer Wissenschaftsrichtungen zurück. Diese stellen dann eine Hilfe dar und werden demzufolge auch Hilfswissenschaften genannt. Einige von ihnen kannst du auf dieser Seite kennen lernen.*

Historische Hilfswissenschaften

Das Thema Hilfswissenschaften ist alles andere als unkompliziert. Die Probleme fangen schon bei dem Begriff ‚Hilfswissenschaft‘ an, denn kein Forscher möchte ‚nur‘ ein Hilfswissenschaftler sein – das hört sich eher nach ‚Aushilfe‘ an,

5 also negativ. Dabei sind diese Arbeiten, die von Forschern der unterschiedlichsten Hilfswissenschaften geleistet werden, von enormer Bedeutung.

Zudem gibt es Wissenschaften, deren Forschungsergebnisse zwar der Geschichtswissenschaft helfen, die jedoch

10 Nachbarwissenschaften genannt werden, da sie auch ohne die Geschichtswissenschaft eigenständig arbeiten. Das sind zum Beispiel die Geographie oder auch die Archäologie. Wer soll da den Überblick behalten?

Von den vielen Hilfswissenschaften sollen deshalb drei nä-

15 her vorgestellt werden: die Epigraphik, die Numismatik und die Ikonographie.

Die **Epigraphik** (von griech. epigráphein = darauf schreiben) gehört eigentlich zur Paläographie (Lehre von den alten Schriften)

20 und beschäftigt sich grundsätzlich mit allem Geschriebenen. Dabei spielt es keine Rolle, ob die Inschriften oder Schriften gemeißelt, geritzt oder gemalt wurden. Das Material, auf dem sich die Schrift befindet, kann Stein, Metall, Holz oder auch Ton und vieles

25 andere sein. Die Epigraphik versucht, die alten Schriften les-

bar zu machen und sie so der Geschichtswissenschaft zur Verfügung zu stellen. Auch beschäftigt sie sich mit der Datierung dieser Schriften, das kann zum Beispiel helfen, Fälschungen zu entlarven.

30 Die **Numismatik** (von griech. nómisma = Münze) ist mehr als nur Münzkunde. Sie beschäftigt sich nämlich auch mit Medaillen und Marken. Numismatik ist also diejenige Wissenschaft, die sich mit vereinheitlichten

35 Metallstücken beschäftigt, die gegossen oder geprägt (gestempelt) wurden. Die Aufgabe der Numismatik ist, diese Metallstücke zu deuten und zu datieren, damit weitere Forschung stattfinden kann.

Die **Ikonographie** (von griech. eikón =

40 Bild und gráphein = schreiben) ist vor allem für die Kunstgeschichte von hoher Bedeutung, denn sie beschäftigt sich mit der Bestimmung und Deutung von Bildmotiven. In Zeiten, als nur wenige Menschen schreiben und lesen konn-

45 ten, spielten Bilder und Motive eine sehr große Rolle, denn über diese konnten Botschaften unterschiedlichster Art ausgetauscht werden. Kirchen zum Beispiel sind mit ihren Wandmalereien, aber auch Statuen ein riesiges Bilderbuch. Die Ikonographie stellt sich der Aufgabe, diese zum Teil ver-

50 schlüsselten Botschaften aufzudecken.

Verfassertext

Aussagen zum Text M1	**richtig**	**falsch**	**Zeilen**
Vor allem die Kunstgeschichte greift auf Erkenntnisse der Ikonographie zurück.			
Die Geographie ist eine Hilfswissenschaft.			
Die Numismatik deutet und datiert vereinheitlichte Metallstücke.			
Die Epigraphik beschäftigt sich ausschließlich mit Steininschriften.			
Ikonographie kommt von eikón = Bild und gráphein = lesen.			
Die Numismatik beschäftigt sich ausschließlich mit Münzen.			
Hilfswissenschaften sind für die Geschichtswissenschaft von hoher Bedeutung.			
Die Epigraphik erforscht alles Geschriebene.			

1 Lies den Text M1.

2 Decke den Text M1 mit einem Blatt ab und kreuze in M2 an, ob die Aussagen richtig oder falsch sind.

3 Arbeite mit einem Partner:

a) Vergleicht eure Lösungen gegenseitig, allerdings ohne auf den Text zu schauen.

b) Überprüft nun eure Antworten mithilfe des Textes. Tragt dazu die Zeilenzahlen der betreffenden Zeilen in die Tabelle ein.

Was ist Geschichte? Diese Frage ist nicht leicht zu be-antworten, denn Geschichte ist mehr als nur eine Er-zählung, aber auch mehr als ein Unterrichtsfach. Irgend-wie gehört alles irgendwann zur Geschichte bzw. hat auch *alles und jeder eine Geschichte. Was du in diesem Kapitel über das Thema Geschichte gelernt hast, kannst du auf dieser Doppelseite überprüfen.*

Buchstabensalat

P	E	R	T	D	V	R	P	Q	U	E	S	R	G	E
F	G	S	M	I	L	V	R	O	C	Y	Z	H	E	E
R	N	T	U	T	Y	O	E	V	P	A	S	O	S	I
A	M	A	R	J	Z	S	Z	V	F	S	C	W	C	L
N	A	M	K	V	E	R	A	E	A	D	H	I	H	H
T	I	M	S	S	N	U	M	I	S	M	A	T	I	K
I	G	B	T	B	R	O	T	L	S	P	B	W	C	R
K	U	A	R	O	E	T	A	C	R	P	R	O	H	A
E	Q	U	E	L	L	E	P	H	K	I	O	L	T	F
L	B	M	B	I	I	L	M	Z	A	E	L	U	E	Z
O	D	F	S	R	O	L	G	R	A	F	B	D	Q	R
G	U	G	K	M	R	A	K	T	W	Z	U	R	W	A
R	L	H	L	A	Z	E	I	T	S	T	R	A	H	L
R	E	J	O	F	R	I	O	S	B	E	T	O	G	G
B	V	I	A	F	D	R	U	I	F	Q	U	E	L	T

Begriffserklärungen

Begriffe	Erklärung

M3 **Tabu**

Spielregeln:
Ziel des Spiels ist es, einen Obergriff zu erklären, ohne diesen
selbst oder andere „verbotene" Wörter zu verwenden. Dazu steht
oben auf der Karte immer der zu erklärende Begriff, darunter die vier
„verbotenen" Wörter.

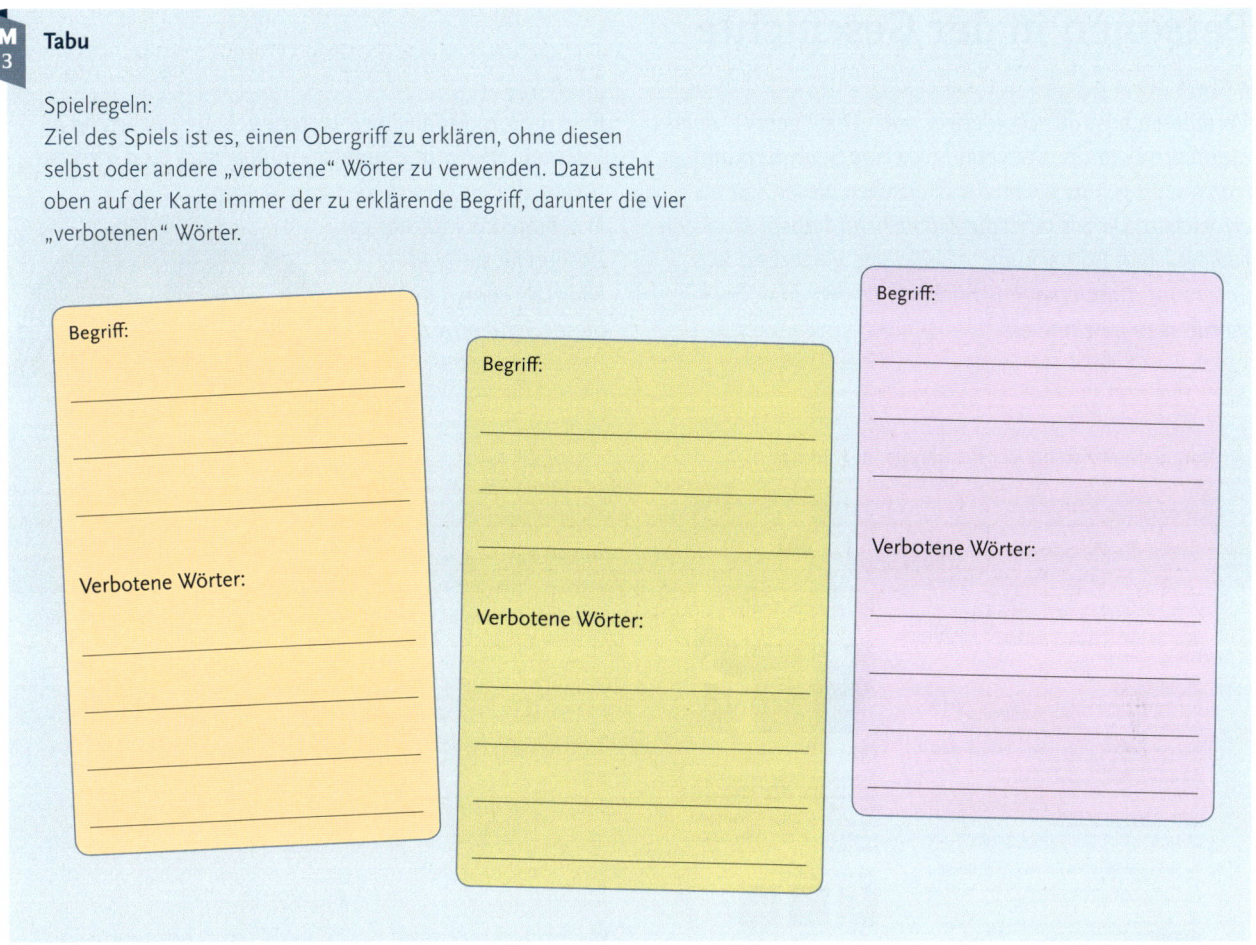

„Das hat mich besonders interessiert"

1 Im Buchstabensalat M1 haben sich fünf Begriffe ver- steckt. Finde diese, schreibe sie in M2 und erkläre sie kurz.
2 Notiere in M3 Begriffe und verbotene Wörter für drei Tabu-Karten. Übertrage sie auf Karton und schneide sie aus. Sammelt in eurer Klasse alle ausgeschnittenen Tabu-Karten ein und spielt dann das Spiel, zum Bei- spiel Jungs gegen Mädchen.
3 Trage in den Kasten „Das hat mich besonders interes- siert" ein, was dich an der Thematik „Einführung in die Geschichte" besonders interessiert hat, und er- läutere warum.

Personen in der Geschichte

Vermutlich hast du schon etwas von „Ötzi" gehört, dem Mann aus dem Eis. Sein Fund war eine Sensation und trug dazu bei, das Leben der Menschen dieser Zeit zu erforschen. Da wir nicht die Möglichkeit haben, direkt an einer solchen Erforschung teilzuhaben, versuchen wir, unsere Informationen aus Büchern, Lexika oder Zeitschriften zu gewinnen.

Eine weitere Möglichkeit bietet auch die Recherche im Internet. Hier gibt es nahezu unüberblickbare Informationen zu den verschiedensten Themen.
Wie man das Internet zur Recherche sinnvoll einsetzt, kannst du auf dieser Seite erfahren.

M1

Vorgehensweise bei der Recherche im Internet

1. Überlege dir zunächst, welche Zusatzinformationen du zu deinem Thema erfahren möchtest.
   Beispiel: nähere Angaben dazu, wie und wo man Ötzi gefunden hat
2. Versuche nun, diese Zusatzinformation als Schlagwort zu formulieren. Gib dieses Schlagwort in eine Internetsuchmaschine ein.
   Beispiel: „Fundort Ötzi"
3. Überprüfe nun die angezeigten Treffer, inwiefern sie hilfreich sein könnten. Dazu musst du nicht immer die Seite anklicken – einige Informationen finden sich auch in der Kurzanzeige unter dem Treffer.
   Beispiel: Gibt man das Schlagwort „Ötzi" ein, erhält man auch Treffer zu „DJ Ötzi", die hier allerdings nicht von Bedeutung sind.
4. Wähle nun die für dich wichtigen Seiten aus. Recherchiere die Informationen, die du erfahren möchtest, und notiere dir anschließend, von welcher Seite du die Informationen wann entnommen hast, damit du einen Nachweis für deine Information vorlegen kannst.
   Beispiel: siehe M2

M2

Rechercheergebnisse zu Ötzi

Schlagwort	Info	Internetseite	Datum
Ötzi Fundort	„in der Grenzregion zwischen Nord- und Südtirol im Schnalstal"	http://www.schnalstal.com/de/oetzi/oetzi-fundstelle/	03.01.2014

1 Lies dir die Vorgehensweise zur Recherche im Internet (M1) durch.

2 Wende nun diese Vorgehensweise in M2 an, indem du die gesammelten Informationen zu Ötzi in der Tabelle notierst.

Höhlenmalerei

Neben Gegenständen, wie zum Beispiel Werkzeugen oder Waffen, spielen Bilder eine sehr bedeutende Rolle, um Zeiten, in denen es noch keine Schrift gab, zu erforschen. Aber auch für spätere Zeiten bieten Bildquellen, zum Beispiel Gemälde oder Fotografien, einen an- *schaulichen Einblick in das Leben der Menschen. Um anhand von Bildern etwas über die Vergangenheit zu erfahren, müssen sie allerdings entschlüsselt werden. Dies kannst du auf dieser Seite üben.*

 M 1

Bilder beschreiben

1. *Formale Beschreibung:* Zunächst müssen grundlegende Angaben (Titel, Entstehungsort und -zeit, Bildart, Künstler/-in, Auftraggeber/-in) zum Bild gesammelt werden.
2. *Beschreibung der Bildinhalte:* Was befindet sich wo (im Vordergrund, im Hintergrund, links, oben, unten)? Wie sind die einzelnen Bildinhalte dargestellt?
3. *Deutung:* Wie kann ich die Informationen und die Aussage des Bildes einordnen?

M 3

Vorgehensweise bei der Entschlüsselung von Bildern

1. Formale Beschreibung: _____

_____

2. Beschreibung der Bildinhalte: _____

_____

3. Deutung: _____

_____

 **M 2**

Rinderherde/Kopie nach Tassili-Felsbild (Tassili-Gebirge, Sahara)

Teste dich

Das konnte ich gut

_____

_____

Das muss ich noch üben

_____

_____

1 Führe die Methode „Bilder beschreiben" (M1) anhand der Abbildung M2 durch. Sammle in M3 Stichpunkte und schreibe ausführlich in dein Heft.

2 Trage in den Kasten „Teste dich" ein, was du bei der Methode „Bilder beschreiben" gut konntest und was du zukünftig noch üben musst.

Alt- und Jungsteinzeit – Die Nahrung

Ohne Nahrung kein Leben. Wenn der Kühl- und Brotschrank leer sind, dann gehen wir heute zum Fleischer und zum Bäcker, kaufen ein und füllen beides wieder.

Doch die Nahrungsbeschaffung war nicht immer so einfach. Wie die Menschen der Alt- und Jungsteinzeit an ihre Nahrung kamen, kannst du hier herausfinden.

Nahrungsbeschaffung in der Altsteinzeit, Rekonstruktionszeichnung

Nahrungsbeschaffung in der Jungsteinzeit, Rekonstruktionszeichnung

1 Betrachte die Rekonstruktionszeichnungen M1 und M2 genau und notiere dir Stichpunkte zu den jeweiligen Bildinhalten.
2 Stell dir vor, du bist ein Journalist. Formuliere auf einem extra Blatt eine treffende Überschrift für einen Zeitungsartikel, der sich mit dem Thema der Nahrungsbeschaffung in Alt- und Jungsteinzeit beschäftigt.

3 **Wähle aus:**
   a) Schreibe zum Thema drei zusammenfassende Sätze.
   b) Verfasse auf Grundlage deiner Stichpunkte einen kurzen, aber spannenden Zeitungsartikel, in dem du die Unterschiede aufführst und versuchst, die Ursachen für diesen Wandel zu erklären.

Alt- und Jungsteinzeit – Das Haus

Das Wohnen und die Art der Behausung waren abhängig von der Nahrungsbeschaffung. Da sich die Nahrungsbeschaffung änderte, änderte sich auch der Hausbau bzw. das Wohnen. Auf dieser Seite kannst du mehr über das Thema prähistorisches Wohnen erfahren und zudem selbst kreativ werden.

Wohnen in Alt- und Jungsteinzeit

In der Altsteinzeit zogen die Menschen den Tierherden hinterher, um sie zu jagen. Daher benötigte man auch Behausungen, die leicht auf- und abzubauen waren und die man eventuell sogar in ihren Einzelteilen transportieren konnte.
5 Oder aber die Natur gab bereits Behausungen vor, so zum Beispiel Höhlen oder Felsvorsprünge. Als Baumaterialien verwendeten die Menschen Holz, Steine, Felle und auch Tierknochen. Der Bau einer Behausung ging vermutlich wie folgt vonstatten. Zunächst wurden größere Äste zu einem
10 Baugerippe zusammengestellt und fixiert. Darauf legte man Tierhäute – mit der Fellseite nach innen, damit das Regenwasser ablaufen konnte. Die Häute wurden dann mit Knochen oder auch an der Erde mit Steinen beschwert, damit der Wind ihnen nichts anhaben konnte.

15 Als die Menschen die nomadische Lebensweise in der Jungsteinzeit aufgaben, da sie sich Ackerbau und Viehzucht nutzbar machten und sesshaft wurden, entwickelte sich auch der Hausbau weiter. Mit neuen Werkzeugen konnte man zum Beispiel Holz viel besser bearbeiten. Die Wände der Häuser
20 bestanden aus Holzbalken und Brettern. Die Spitzdächer, bestehend aus Balken und Dachlatten, wurden mit Stroh oder Schilf bedeckt. Zumeist bauten die Menschen Einraum- und Langhäuser, in denen oftmals mehrere Familien mit ihrem Vieh zusammenlebten und auch ihre Vorräte lagerten.
25 So entwickelten sich in der Nähe von Wasservorkommen zunehmend kleine Siedlungen, die teilweise auch mit einem Zaun oder Graben zum Schutz umgeben waren.
Verfassertext

Wohnen in der Altsteinzeit

Wohnen in der Jungsteinzeit

1 Lies den Text M1.
2 Stell dir vor, du bist ein Architekt. Du bekommst den Auftrag, ein alt- und jungsteinzeitliches Haus mit Umfeld zu entwerfen. Zeichne deine Entwürfe in M2 und M3.

Alt- und Jungsteinzeit – Die Sippe

Die Familie war für die Menschen schon immer von gro-ßer Bedeutung. Auch in der Steinzeit sorgte sie dafür, dass es ihren Mitgliedern gut ging, sie versorgt waren und vor allem auch, dass genügend Nachwuchs vorhan-den war. Jedes Familienmitglied hatte seine ganz beson-deren Aufgaben. In der Steinzeit gab es noch eine weite-re Form des Zusammenlebens – die Sippe. Sie war ähnlich aufgebaut wie eine Familie, nur etwas größer. Wie unterschieden sich die Aufgaben innerhalb der Sip-pe? Gab es einen Wandel von der Alt- zur Jungsteinzeit?

M2 **Die Prähistorikerin Brigitte Röder schrieb in einem 1998 erschienenen Aufsatz „Jungsteinzeit – Frauenzeit?":**

Das tägliche Arbeitspensum war um ein Vielfaches gestiegen, weil Ackerbau und Viehzucht wesentlich zeitaufwändiger sind als eine Nahrungssicherung durch Sam-meln, Jagen und Fischen. [...] Zur Arbeit in der Landwirtschaft kam eine Vielzahl neu-er Tätigkeiten hinzu. [...] Zu nennen sind die Herstellung zahlreicher neu entwickelter
5 Werkzeuge und Geräte sowie das Weben von Textilien aus Pflanzenfasern. Nicht zu unterschätzen ist auch der Zeitaufwand für den Bau und die Instandhaltung der Häuser. Ein völlig neuer, ebenfalls arbeitsintensiver Bereich war die Vorratshaltung. [...]
Der Anstieg von Arbeitsbelastung und Arbeitsteilung wirkte sich auch auf das Ge-
10 schlechterverhältnis aus, da offenbar neu ausgehandelt werden musste, welche Ar-beiten Frauen und Männer jeweils zu übernehmen hatten. [...] Untersuchungen [...] an den Knochen [...] zeigen, dass Frauen ausgesprochen hart und schwer arbeiteten.
Nach: Brigitte Röder, Jungsteinzeit – Frauenzeit?, in: Bärbel Auffermann/Gerd-Christian Weniger (Hg.), Frauen Zeiten Spuren, Mettmann Neanderthal Museum 1998, S. 244 f. und 261.

M3 **Vergleich der Arbeiten in der Alt- und der Jungsteinzeit**

Altsteinzeit	Jungsteinzeit

Vergleich: _____

_____

1 Betrachte das Bild M1 genau und konzentriere dich dabei vor allem auf die ausgeführten Tätigkeiten. Trage sie in die linke Spalte von M3 ein.

2 Lies nun den Text in M2 genau durch und trage die ge-nannten Tätigkeiten in die rechte Spalte von M3 ein.

3. Formuliere ein Endergebnis deines Vergleichs in maxi-mal zwei Sätzen.

Neolithische Revolution

Die Veränderungen in der Lebensweise der Menschen während der Frühgeschichte wurden im Nachhinein als revolutionär – also als eine sehr bedeutsame Um- *wälzung – wahrgenommen. Was passierte dabei? Wann verlief diese Entwicklung?*

 M1   **Die neolithische Revolution**

Mit dem Begriff der neolithischen Revolution wird eine bedeutsame Veränderung in der Lebensweise der Menschen bezeichnet: Die Menschen entwickelten sich von Jägern und Sammlern zu Bauern. Diese Revolution fand vor ca. 9000
5 Jahren statt und dauerte mehrere hundert Jahre. Sie schuf die Grundlagen für die Entstehung von Städten, der Schrift, der Verwaltung und der Arbeitsteilung.

Die Menschen wurden in dieser Zeit sesshaft und begannen, Tiere zu züchten. Archäologen ermittelten, dass dies
10 bereits vor 10000 Jahren stattfand. Zunächst wurden Schafe und Ziegen gehalten, später auch Schweine und Pferde. Im Ackerbau waren die ersten Sorten Roggen und Weizen, die bereits vor 9000 Jahren angepflanzt wurden.

Während dieses Prozesses wandelte sich auch das Verhält-
15 nis der Menschen zur Natur. Hatten sie zuvor lediglich das genutzt, was die Umwelt für sie bereitstellte – Beeren sammeln, Tiere jagen usw. –, begannen sie nun, in die Natur einzugreifen. Es wurden Wälder gerodet, um Siedlungs- und Ackerland zu schaffen. Aber die Nutzung des Bodens für
20 den Ackerbau führte dazu, dass er unfruchtbar wurde, das Weiden des Viehs in Wäldern richtete dort Schäden an. Es gab schon damals Baumarten, die immer seltener wurden.
Verfassertext

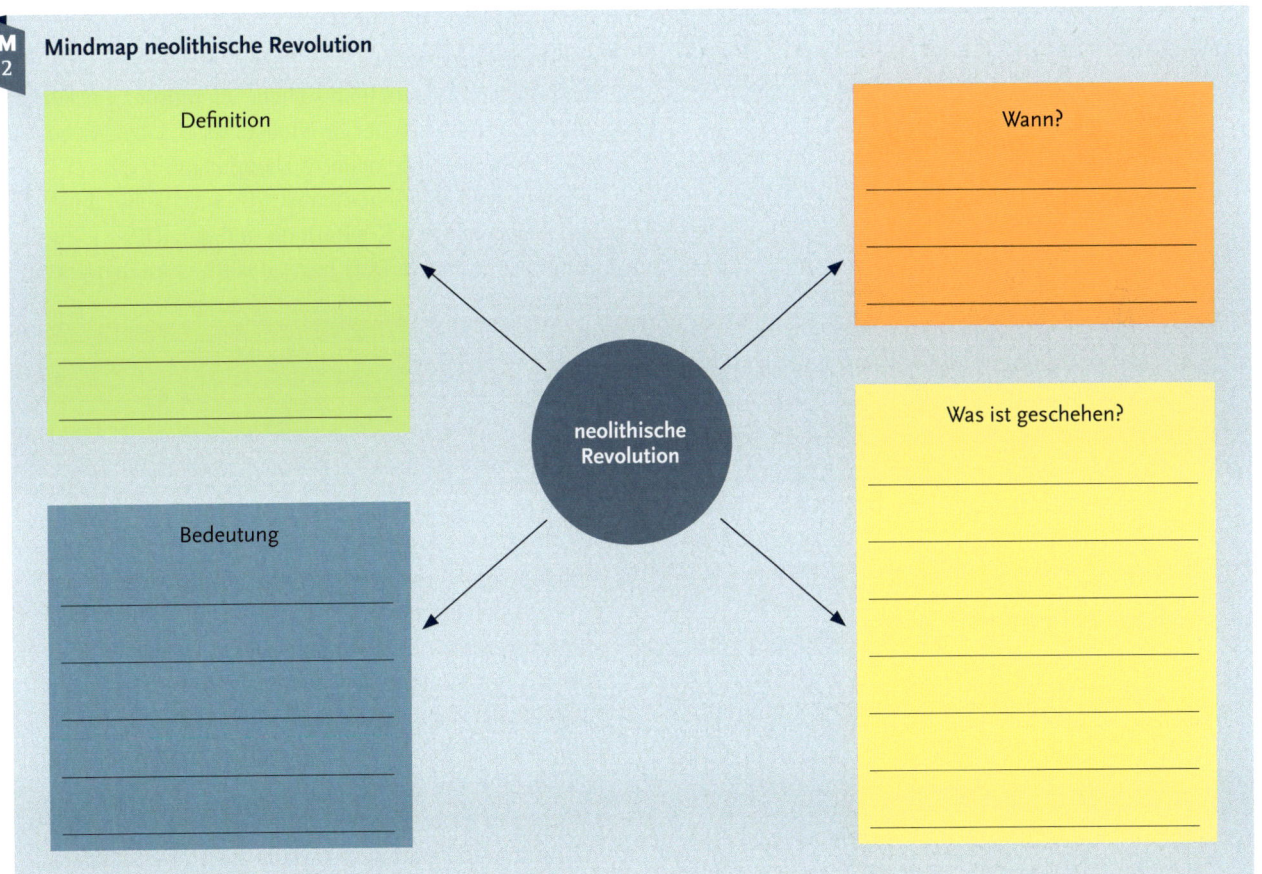

M2   **Mindmap neolithische Revolution**

Definition

Wann?

neolithische Revolution

Was ist geschehen?

Bedeutung

1 Lies dir den Text M1 gut durch. Markiere beim zweiten Lesen alle Inhalte zu den folgenden Themen: Definition (grün), Zeitraum (rot), Was ist geschehen? (gelb) und Bedeutung (blau).

2 Trage die Inhalte in M2 ein und vergleiche anschließend mit deinem Nachbarn.

Fragen an die Geschichte stellen

Jeder Historiker, der sich mit einer Thematik auseinandersetzt, hat zunächst einmal Fragen. Diese versucht er durch seine Forschungen zu beantworten. Um historische Texte auf ihre Aussagekraft zu untersuchen und einschätzen zu können, müssen wir die Fragen formulieren, auf die geantwortet werden soll. Diese Methode kannst du auf dieser Seite trainieren.

 Ötzi – Der Mann aus dem Eis

_____

_____

Das Ehepaar Simon aus Nürnberg war am 19. September 1991 für die Sensation des Jahres verantwortlich. An diesem sonnigen Herbsttag fanden die beiden Eheleute in den Ötztaler Alpen die älteste Mumie der Welt – „Ötzi".

_____

_____

Neueste Untersuchungen haben ergeben, dass „Ötzi" zum Zeitpunkt seines Todes etwa 45 Jahre alt war. Er war ca. 1,60 m groß und wog um die 50 kg. Seine Schuhgröße betrug 38 und er hatte braune Augen. Sein Haar war wellig und dunkelbraun bis schwarz. Ötzi hatte als Ausrüstung keine Waffen bei sich, die Forscher fanden lediglich ein Beil und einen Dolch.

_____

_____

Gestorben war Ötzi vor über 5300 Jahren (3255 v. Chr.) vor Christus. Damit ist er die älteste erhaltene Mumie der Welt, noch älter als die Mumien der ägyptischen Könige. Die äußeren Bedingungen ermöglichten es, dass sein Leichnam nicht verweste, sondern mumifiziert wurde. Die Archäologen nehmen an, dass er unmittelbar nach seinem Tod mit Schnee und Eis bedeckt wurde. Weiterhin fand man ihn in einer Felsspalte, die den Körper vor der Witterung schützte.

_____

_____

Die genauen Hintergründe seines Todes werden sich wahrscheinlich nie klären lassen. Neben vielen Vermutungen steht jedoch fest, dass er ermordet wurde. Eine Pfeilspitze steckte in seinem Oberkörper. Im Jahr 2003 konnten Forscher feststellen, dass „Ötzis" Schädel verletzt war. Die neueste Theorie lautet, dass er mit dem Pfeil angeschossen wurde, anschließend einen Schlag auf den Kopf erhielt und danach rücklings auf einen Stein fiel. Dort liegend starb er an den Verletzungen.

_____

_____

Anhand von Untersuchungen des Zahnschmelzes und der Knochen konnte die Herkunftsregion „Ötzis" bestimmt werden – er stammte aus dem Eisacktal nördlich von Bozen, lebte aber später im Westen im sogenannten Vinschgau. Zuletzt ist es Forschern sogar gelungen, „Ötzis" Ernährung genauer zu untersuchen. In seinem Darm fanden sich Reste von Brei. Diese Masse setzt sich zu großen Teilen aus Fett zusammen. Weiterhin fand man Beeren und Gras sowie Baumnadeln und Getreidekörner. „Ötzis" letzte Mahlzeit war wohl größtenteils vegetarisch.

Verfassertext

M2 Schaubild Ötzi

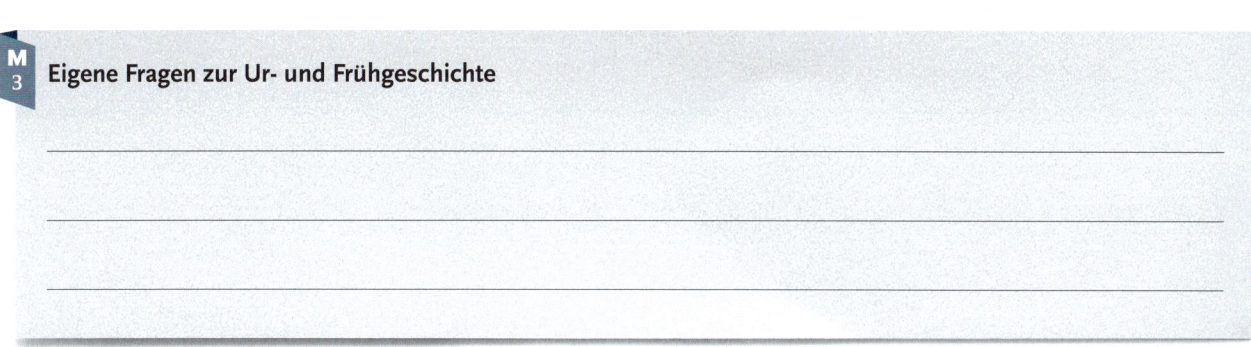

Frage: _____

M3 Eigene Fragen zur Ur- und Frühgeschichte

....

1 Wähle aus:

a) Formuliere zu den einzelnen Textabschnitten in M1 passende Fragen. Schreibe die Fragen auf die Zeile über dem Textabschnitt.

b) Ordne die folgenden Fragen den einzelnen Textabschnitten zu und schreibe sie auf die Zeile über dem Textabschnitt: Wie ist er gestorben? Wie sah „Ötzi" aus? Was trug er bei sich? Was sagt der Fund über die Vergangenheit aus? Wann, wo und von wem wurde „Ötzi" gefunden? Wann ist er gestorben und wieso blieb sein Leichnam erhalten?

2 Beantworte in M2 die Fragen in Stichworten. Formuliere eine weitere Frage zu „Ötzi" und versuche, diese selbst zu beantworten. Trage dies auch in M2 ein.

3 Überlege dir mindestens zwei eigene Fragen zur Ur- und Frühgeschichte. Notiere diese in M3 und versuche, sie zu beantworten.

Vor etwa 2,5 Millionen Jahren begann die Altsteinzeit. Sie dauerte bis zur letzten Eiszeit um 10 000 v. Chr. In dieser Zeit zogen die Menschen den Tieren hinterher und lebten von dem, was sie fanden. Sie waren Nomaden. Dies änderte sich mit dem Klimawandel. Die Menschen entwickelten sich weiter, begannen Tiere und Natur zu bändigen bzw. für sich ertragreich zu machen und wurden sesshaft. Was weißt du noch über das Leben der Menschen in Alt- und Jungsteinzeit?

M1 Lückentext

Informationen zur Ur- und _____ erhalten wir vor allem

aus zwei Quellenarten: zum einen aus archäologischen Funden, die uns verraten,

wie die Menschen damals gelebt haben. Eine zweite wichtige Quelle ist die

_____ , auf der unter anderem Jagdszenen dargestellt

sind.

Der geschichtliche Zeitraum der Ur- und Frühgeschichte lässt sich in zwei

Bereiche unterteilen. Der erste ist die _____ . Dieser Abschnitt

ist dadurch gekennzeichnet, dass die Menschen ihre Nahrung vor allem durch

_____ und _____ beschafften.

Sie lebten vor allem in _____ , damit sie den _____

schnell hinterherziehen konnten.

Der zweite wichtige Abschnitt, die _____ , brachte einen er-

heblichen Wandel der Lebensweise mit sich. Die Menschen wurden nun _____

und bauten sich _____ aus Holz und teilweise auch Stein.

Sie ernährten sich nun vorrangig von _____ und Viehzucht.

Sie waren _____ geworden. Sie stellten _____

und Geräte für die Landwirtschaft her. Diesen Wandel nennen wir _____

_____ .

M2 Begriffe
Altsteinzeit – Ackerbau – Bauern – Frühgeschichte – Häuser – Höhlen – Höhlenmalerei – Jagen – Jungsteinzeit – neolithische – Revolution – Sammeln – sesshaft – Tieren – Werkzeuge

M3 Kreuzworträtsel

senkrecht:

1. So nennt man die bedeutsame Umwälzung in der Lebensweise der Steinzeitmenschen.
2. Diese hielten warm und wurden beim Zeltbau auch als Dach verwendet.
3. Diese wurden in der Jungsteinzeit weiterentwickelt, sodass man besser arbeiten konnte.
4. So lautet der Name des Ehepaares, welches die älteste Mumie der Welt entdeckte.
5. Diese wurden abgeholzt und als Baumaterial verwendet.
6. Dieses Tier wurde in der Altsteinzeit gejagt.
7. Diese Wissenschaftler gewinnen ihre Erkenntnisse mithilfe von Ausgrabungen.
8. Das war eine Haupttätigkeit der Männer in der Altsteinzeit.
9. Dies musste in der Nähe sein, damit Menschen sich ansiedeln konnten.

waagerecht:

1. Diese Kunst ist uns von den Altsteinzeitmenschen erhalten.
2. Damit wurden in der Altsteinzeit Behausungen beschwert, damit ihnen der Wind nichts anhaben konnte.
3. Eine von der Natur geschaffene Behausung.
4. Dies ist neben Büchern und Lexika ein Hilfsmittel für die Recherche.
5. So nennt man das Halten von gezähmten Tieren.
6. So heißt die älteste Mumie der Welt.
7. In der Jungsteinzeit lebten die Menschen von der Tierhaltung und auch vom …
8. Mehrere benachbarte Häuser nennt man so.
9. Arbeit der Frauen in der Altsteinzeit.

Lösungswort: _____

„Das hat mich besonders interessiert"

_____

1 Im Lückentext M1 fehlen 15 Begriffe. Trage die Begriffe aus M2 in den Lückentext ein, sodass sich ein sinnvoller und korrekter Text ergibt.

2 Löse das Kreuzworträtsel M3 (Ä = AE; Ö = OE; Ü = UE). Die Buchstaben in den grünen Kästchen ergeben richtig sortiert das Lösungswort.

3 Trage in den Kasten „Das hat mich besonders interessiert" ein, was dich an der Thematik „Ur- und Frühgeschichte" besonders interessiert hat, und erläutere warum.

Personen in der Geschichte

Heute fahren jährlich Tausende Touristen nach Ägypten, um die Pyramiden und andere Bauwerke zu bestaunen, die vor mehr als 4000 Jahren dort errichtet wurden. Diese Bauwerke sind die letzten Nachweise für die ägyptische Hochkultur.

Neben den alten Ägyptern gab es jedoch noch weitere Völker, die weit vor den Griechen und Römern eine Hochkultur entwickelten. Wer waren die Herrscher dieser Staaten? Welche Taten vollbrachten sie?

 M1 **Kleopatra und Hammurabi**

Name	Hammurabi	Kleopatra
Lebensdaten	unbekannt	69–30 v. Chr.
Regierungszeit	51–30 v. Chr.	1792–1750 v. Chr.
Ämter	König von Sumer und Akkad	König des Ptolemäerreiches und Pharao
Taten	Gesetzessammlung mit 282 Paragraphen erstellt, überliefert in Keilschrift auf einer Stele	stabilisierte die innenpolitische Lage des Königreiches, vor allem durch die Bekämpfung von Hungersnöten
Taten	schaltete sich erfolglos in den römischen Bürgerkrieg ein und sorgte damit für das Ende der Ptolemäerherrschaft	dehnte das Königreich auf das größte Ausmaß aus, es reichte vom Persischen Golf bis zum Euphrat-Bogen

1 In M1 sind einige Daten und Informationen falsch zugeordnet. Recherchiere sie im Lexikon oder im Internet und ordne sie der richtigen Person zu. Male dafür die Kästchen blau aus, wenn sie zu Kleopatra gehören, und gelb, wenn sie zu Hammurabi gehören. Beachte bei einer Recherche im Internet die in M1 auf Seite 12 beschriebene Vorgehensweise.

Zweistromtal

Mesopotamien, das Land zwischen den Strömen Euphrat und Tigris, wurde bereits in der Jungsteinzeit besiedelt. Der fruchtbare Boden sowie bedeutsame Erfindungen ermöglichten, dass hier ab dem 3. Jahrtausend v. Chr. Hochkulturen entstehen konnten.

Aber nicht nur Mesopotamien bot günstige Siedlungsbedingungen. Auch die Gebiete entlang des östlichen Mittelmeeres sowie des Nils gehörten zum sogenannten „Fruchtbaren Halbmond". Auf dieser Seite kannst du etwas über die ersten Großreiche im „Fruchtbaren Halbmond" erfahren.

M 1   Die ersten großen Reiche

In Mesopotamien entstand im 3. Jahrtausend v. Chr. zunächst das Reich von Akkad. Es reichte vom Persischen Golf bis ca. 100 km nordwestlich von Ninive am Tigris und bis ca. 150 km nordwestlich des Zusammenflusses von Chabur
5 und Euphrat. Allerdings gehörten nordwestlich von Akkad nur die Gebiete entlang der Flüsse Euphrat und Tigris zum Reich. In nordöstlicher Richtung erstreckte es sich bis zum Sagrosgebirge.

Das Babylonische Reich entstand ca. 1800 v. Chr. und war
10 das Nachfolgereich von Akkad. Es umfasste dasselbe Gebiet, allerdings auch das Land zwischen den Flüssen Euphrat und Tigris nordwestlich von Akkad. In nordöstlicher Richtung reichte es bis an das Mittelmeer, im Westen von Byblos bis Gaza. Seine Südgrenze bildete die Syrische Wüs-
15 te. Das Babylonische Reich wurde Anfang des 11. Jahrhunderts v. Chr. von den Assyrern erobert.

Das Assyrische Reich umfasste die Gebiete des Babylonischen Reiches, die Halbinsel Sinai sowie
20 ein Gebiet von ca. 200 km Breite entlang des Nils von seiner Mündung in das Mittelmeer bis
25 nach Theben. Im Norden reichte es sogar bis an die Städte Tushpa und Kanish. Im 7. Jahr-
30 hundert v. Chr. entstand noch einmal ein Babylonisches Reich, welches allerdings von den Persern unterworfen
35 wurde.

Verfassertext

M 2

Die frühen Hochkulturen seit dem 3. Jahrtausend v. Chr.

---

1 Lies den Text M1.

2 Unterstreiche die jeweiligen geographischen Angaben zu den einzelnen Großreichen: Akkadisches Reich (blau), Babylonisches Reich (rot) und Assyrisches Reich (grün).

3 Zeichne nun anhand der geographischen Angaben in M1 die Grenzen der Großreiche mit der jeweiligen Farbe in die Karte M2 ein.

Erfindungen der Sumerer

Eine der Hochkulturen in Mesopotamien waren die Sumerer. Auf sie gehen bedeutende Erfindungen zurück, die die Entwicklung der Menschheit vorantrieben. Letzteres kann man sogar wörtlich nehmen, denn die Sumerer erfanden höchstwahrscheinlich das Rad. Zumindest waren sie eine der ersten Kulturen, die es kannten. Die Sumerer organisierten ihr Zusammenleben. Es entstanden Städte und Stadtstaaten mit einem König und einer Verwaltung. Über weitere Erfindungen der Sumerer kannst du etwas auf dieser Seite erfahren.

Das Rad und der Wagen

Der Schöpfbaum (Schaduf) und das Bewässerungssystem

M3 Sensationelle Erfindungen

M4 Bildzeichen und ihre Übersetzung

Himmel, Gott

Gebirge

Mund

M5 Keilschriftzeichen

M6 Sinnzeichen

M7 Bild- bzw. Sinnzeichensatz

1 Die Abbildungen M1 und M2 zeigen bedeutende sumerische Erfindungen. Wähle eine Abbildung aus und verfasse in M3 einen Zeitungsbericht unter der Überschrift „Sensationelle Erfindungen", in dem du die Vorteile der Erfindung anpreist.

2 Um die Übersicht über Abgaben der Bauern zu behalten, begannen die Beamten, Aufzeichnungen zu machen. Dies waren zunächst kleine Bildzeichen. Übersetze die Bildzeichen in M4.

3 Später entwickelte man aus den Bildzeichen die Keilschrift. Ordne die Bildzeichen aus M4 den Keilschrift-zeichen in M5 zu. Beachte dabei, dass die Keilschrift-zeichen um 90 Grad nach links gedreht geschrieben sind.

4 Eine Zwischenstufe der Schriftentwicklung waren sogenannte Sinnzeichen. Dies waren zusammengesetzte Bildzeichen, um zum Beispiel Tätigkeiten darzustellen. Entwickle in M6 eigene Sinnzeichen.

5 Schreibe in M7 einen Satz, der nur aus Bild- beziehungsweise Sinnzeichen besteht. Versucht mit einem Partner, eure Sätze zu übersetzen.

Hieroglyphen

Die älteste bekannte Schrift stammt aus Ägypten. Diese Hieroglyphen wurden in Tempeln und Gräbern entdeckt. Sie bestehen aus kleinen Symbolen und Bildern, die entweder für einen Buchstaben oder für ganze Wörter stehen. Die Ägypter kannten mehrere Tausend Hiero-

glyphen. Am Beispiel von Namen kannst du hier einige kennen lernen. Beachte dabei, dass in jedem Namen durch das Symbol für weiblich  oder männlich ausgesagt wird, ob es ein Frauen- oder ein Männername ist.

M1 Namen aus dem Ägyptischen übersetzen

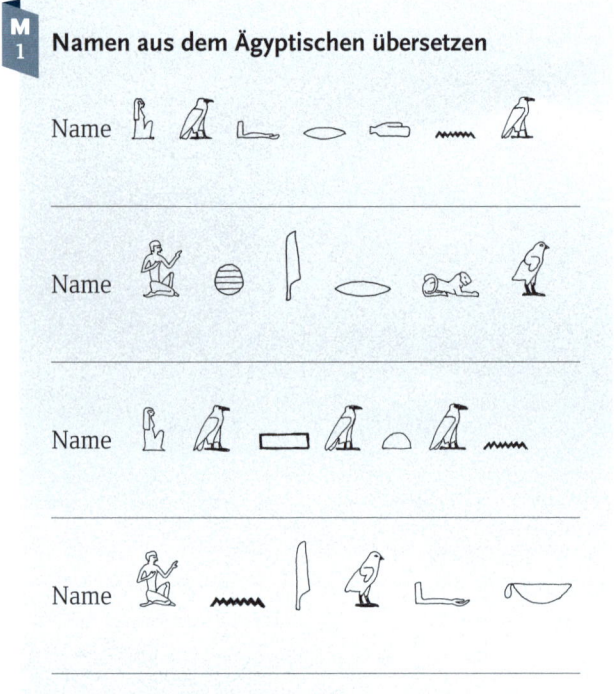

M2 Mein eigener Name auf Ägyptisch

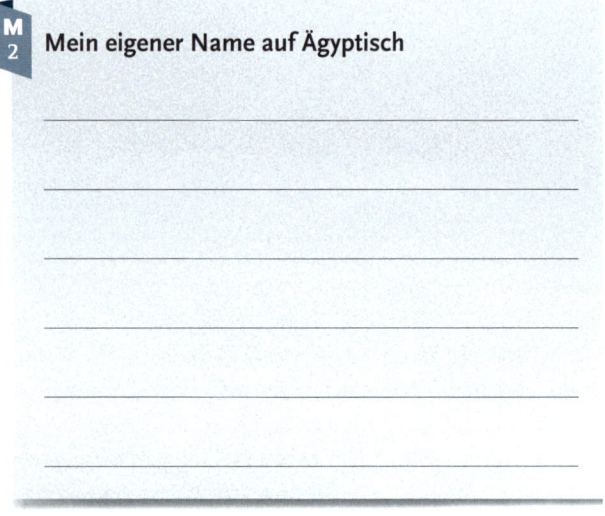

M3 Das ägyptische Alphabet

Hieroglyphen	Dargestellter Gegenstand	Aussprache
	Geier	a
	Bein	b
	Brunnenschacht	ch
	Hand	d
	Arm	e
	Hornviper	f
	Krugständer	g
	Hof	h
	Schilfrohr	i (j)
	Korb mit Henkel	k
	Löwe	l
	Eule	m
	Gekräuseltes Wasser	n
	Lasso	o
	Hocker o. Matte aus Schilf	p
	Abhang	q
	Mund	r
	Gefalteter Stoff	s
	Teich	sch
	Brotlaib	t
	Wachtelküken	u, v, w
	Türriegel	z
	Strick	tsch
	Kobra	dsch

1 Übersetze mithilfe von M3 die in M1 dargestellten Namen. Beachte, dass die Namen von rechts nach links gelesen werden müssen. Berücksichtige auch die Inhalte aus dem Informationstext oben.

2 Schreibe in M2 deinen eigenen Namen (Vor- und Nachnamen) in ägyptischen Hieroglyphen.

Die Pyramiden – Bautechnische Meisterleistungen

Für ihre Könige bauten die Ägypter Gräber enormen Ausmaßes – die Pyramiden. Diese sind eine architektonische Meisterleistung. Auf dieser Seite kannst du als Architekt eine Pyramide planen.

M1 Der Pyramidenbau

_____
_____
_____
_____
_____
_____
_____

M2 Bestandteile einer Pyramide

1. _____
2. _____
3. _____
4. _____
5. _____
6. _____

M3 Die Pyramide

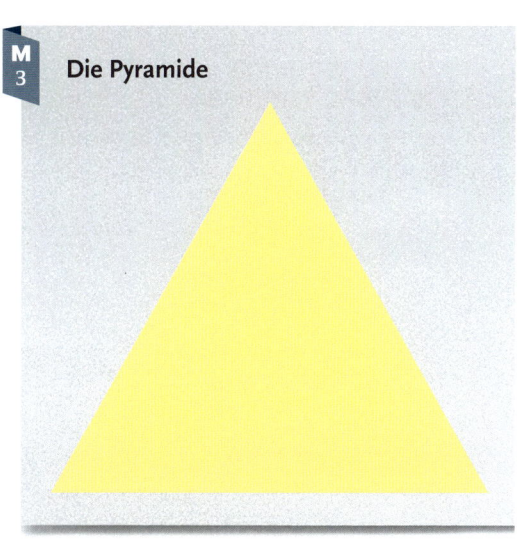

1 Beschreibe in M1 anhand der Abbildung neben dem Infotext oben den Bau der Pyramide.

2 Was soll die Pyramide für deinen Pharao enthalten? Liste die Bestandteile der Pyramide in M2 auf.

3 Beschrifte in M3 die einzelnen Bestandteile deiner Pyramide mit den entsprechenden Zahlen.

Der Pharao und seine Untertanen

Grafische Darstellungen wie z. B. Schaubilder können uns helfen, historische Zusammenhänge besser zu verstehen. Sie erklären zum Beispiel den Aufbau von Staaten. Mit Pfeilen und verschiedenen Farben lassen sich hier Beziehungen zwischen einzelnen Elementen und vieles mehr darstellen. Allerdings müssen wir die Schaubilder genau entschlüsseln, um alle Aussagen verstehen zu können. Das kannst du auf dieser Seite trainieren.

M 1 Schritte zur Methode „Schaubilder verstehen"

Schritt _____ : Den Inhalt erschließen und bewerten
- Welche Informationen geben die einzelnen Elemente zur Machtverteilung? Wer kann mitbestimmen, wer nicht?
- Sind die Elemente gleichgestellt, gibt es ein Oben und Unten?
- Lassen sich Grundaussagen, Stärken oder Schwächen der Gesellschaftsordnung oder Verfassung formulieren?

Schritt _____ : Elemente der Abbildung erfassen
- Welche Fachbegriffe werden verwendet und sind zu klären?
- Welche Zeichen sind zu erschließen (z.B. Pfeile, Farben)?

Schritt _____ : Den historischen Zusammenhang einbeziehen
- Welche weiteren Informationen zur Einordnung und Bedeutung des Schaubildes sind notwendig?

Schritt _____ : Den Aufbau untersuchen
- Wie ist das Schaubild zu lesen (z.B. von unten nach oben, von links nach rechts, von der Mitte aus)?
- Wo ist der beste „Einstieg" in die Beschreibung des Schaubildes?

M 2 Die ägyptische Gesellschaft

Teste dich

Das konnte ich gut

Das muss ich noch üben

1 Wiederhole die Methode „Schaubilder verstehen", indem du die Schritte in M1 in der richtigen Reihenfolge nummerierst.

2 Führe die Methode „Schaubilder verstehen" am Beispiel von M2 durch.

3 Trage in den Kasten „Teste dich" ein, was du bei der Methode „Schaubilder verstehen" gut konntest und was du noch üben musst.

War Ägypten eine Hochkultur?

Mit großen Augen stehen zahlreiche Touristen Jahr für Jahr vor den Pyramiden, der Sphinx oder im Tal der Könige. Sie alle stellen sich die gleiche Frage: „Wie konnten die Menschen vor mehreren tausend Jahren das schaffen?" Dieser Frage gingen auch Historiker und Archäologen nach. Sie prägten für Gesellschaften, die ihrer Zeit bereits weit voraus waren, den Begriff der Hochkultur. Auf dieser Seite kannst du erfahren, was sich hinter diesem Begriff verbirgt, und prüfen, ob Ägypten eine Hochkultur war.

 Definition Hochkultur

Mit Hochkultur ist eine Gesellschaft gemeint, die bereits früh eine Schrift und eine Zeitrechnung hatte. Ihre Ordnung, die von den Menschen anerkannt wurde, bezeichnet man heute als „Staat". Ferner gab es städtische Siedlungen,
5 Kunst, Literatur, Architektur, und das Land wurde verwaltet. In diesen Merkmalen unterschieden sich Hochkulturen von dörflich-bäuerlichen Gesellschaften. Die Landwirtschaft war so leistungsfähig, dass die Menschen Handel trieben, Berufe waren spezialisiert. Frühe Hochkulturen entwickelten
10 sich oft an großen Flüssen, auch auf Kreta, in Kleinasien und in Mittelamerika.
Verfassertext

M 2   Merkmale einer Hochkultur

_____

_____

_____

_____

_____

_____

_____

_____

_____

_____

_____

_____

_____

_____

_____

M 3 War Ägypten eine Hochkultur?

War Ägypten
eine
Hochkultur?

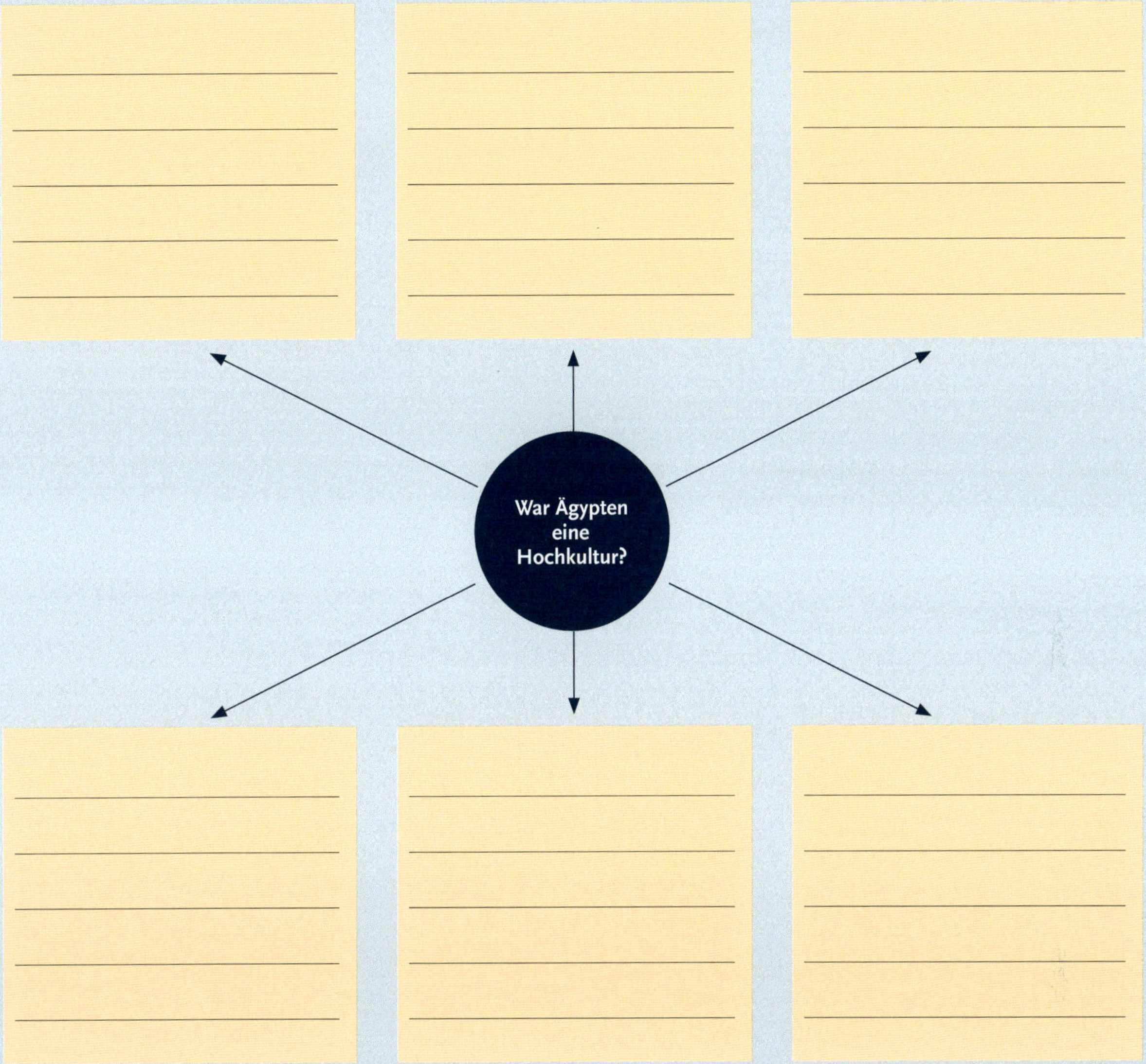

M 4 Eigenes Urteil

1 Lies dir die Definition des Begriffs Hochkultur in M1 gut durch. Benenne in M2 die Merkmale einer Hochkultur und erkläre diese in eigenen Worten.
2 Prüfe, ob Ägypten eine Hochkultur war. Wähle dir dazu sechs Merkmale aus und untersuche diese in M3 im Hinblick auf Ägypten.

3 Verfasse auf dieser Grundlage in M4 ein eigenes Urteil zu der Frage, ob Ägypten eine Hochkultur war. Schreibe maximal drei Sätze.

Wenn wir an lange zurückliegende Geschichte denken, fallen uns oft als Erstes Griechenland und das Römische Reich ein. Ohne Zweifel sind dies besondere Abschnitte der Weltgeschichte, aber es gab auch schon früher Völker, *die große Leistungen vollbrachten. In diesem Kapitel konntest du etwas über die Sumerer und die Ägypter erfahren. Was du dabei gelernt hast, kannst du auf dieser Seite testen.*

Silbenrätsel

-o; Su-; Py-; -r; -mu-; -po-; -duf; Ak-; -phen; Ham-; -tur; Hier-; -so-; -pa-; Ho-; -ram-; Pri-; We-; -tra; -ta-; Sch-; -ch-; -kad; -me-; Kl-; -bi; -ide; -es-; -rer; -o-; -ara-; -eo-; -mien; -kul-; -a-; -gly-; Ph-; -ter; -si-; Me-; -ra-

Erklärungen

Begriff	Erklärung

M 3 Dialog

„Das hat mich besonders interessiert"

1 In M1 sind die Silben von zwölf Wörtern durcheinandergeraten. Finde die zwölf Begriffe. Erkläre sie anschließend in M2 mit jeweils einem Satz.
2 Stell dir vor, ein Ägypter und ein Sumerer begegnen sich. Was könnten sie sich erzählen? Verfasse in M3 einen fiktiven Dialog.

3 Trage in den Kasten „Das hat mich besonders interessiert" ein, was dich an der Thematik „Frühe Hochkulturen" besonders interessiert hat, und erläutere warum.

Personen in der Geschichte

Unter den alten Griechen gab es große Persönlichkeiten, deren Wirken sehr bedeutend für die Geschichte und Entwicklung der Menschen war, darunter Herrscher, *Politiker, Erfinder, Philosophen und auch Sportler. Einige dieser Persönlichkeiten des griechischen Altertums kannst du auf dieser Seite kennen lernen.*

M1 Berühmte Persönlichkeiten der griechischen Antike

Name	Lebensdaten	Bedeutung
_____	356–323 v. Chr.	Feldherr, König
Leonidas I.	unbekannt – 380 v. Chr.	_____
_____	um 555–510 v. Chr.	Ringkämpfer
Sokrates	_____	Philosoph
_____	um 485–425 v. Chr.	Geschichts-schreiber
Sophokles	497/496–406/405 v. Chr	_____
Archimedes	_____	Mathematiker, Physiker, Ingenieur

Name	Lebensdaten	Bedeutung
_____	522–486 v. Chr.	persischer Großkönig
Solon	um 640– um 560 v. Chr.	_____
_____	427–347 v. Chr.	Philosoph
_____	384–322 v. Chr.	Philosoph
Peisistratos	um 600–528/ 527 v. Chr.	_____
Perikles	_____	Politiker
_____	um 380–330 v. Chr.	persischer Großkönig

M2 Buchstabensalat

A	L	E	X	A	N	D	E	R	L	K	Q	U	S	A
D	E	V	N	I	K	A	N	O	T	A	L	P	I	R
N	O	L	O	S	R	R	T	L	X	A	I	V	M	C
X	N	G	L	P	V	E	G	T	O	D	O	R	E	H
V	I	L	I	S	O	I	P	H	I	S	T	A	V	I
I	D	Q	M	Z	A	O	A	G	R	U	D	C	H	M
D	A	R	E	I	O	S	D	E	R	E	R	S	T	E
S	S	B	P	V	W	D	N	V	G	D	W	E	J	D
E	D	S	O	M	E	E	W	B	H	S	C	T	I	E
L	E	T	Z	N	Z	R	S	I	J	H	V	A	Z	S
K	R	Y	B	O	S	D	I	O	F	J	O	R	V	J
O	E	N	F	L	A	R	U	S	D	F	G	K	X	S
H	R	P	E	I	S	I	S	T	R	A	T	O	S	F
P	S	N	T	X	C	T	O	C	H	A	L	S	M	I
O	T	A	R	I	S	T	O	T	E	L	E	S	U	D
S	E	L	K	I	R	E	P	K	Q	A	L	K	N	O

Hinweis: Die Namen sind von links und von rechts sowie von oben und von unten zu lesen, Namen mit Ordnungs- zahlen sind wie folgt geschrieben:
Hans I. = HANSDER- ERSTE.

1 In M1 sind einige Namen bedeutender Persönlichkei- ten der griechischen Antike genannt. Finde diese in dem Buchstabensalat M2.

2 Ermittle mithilfe deines Lehrbuches oder auch des In- ternets (siehe dazu M1 auf Seite 12) die fehlenden Angaben zu den Personen.

3 Suche weitere Namen in M2 und ergänze diese in M1. Achte dabei darauf, dass du sie in die richtige Zeile entsprechend den biographischen Angaben einträgst. Recherchiere dafür im Lehrbuch oder Internet.

4 Fertige auf einem extra Blatt einen Zeitstrahl an und trage die Personen ein.

Troja – Mythos oder Wahrheit?

Helena muss wirklich die schönste Frau der damaligen Welt gewesen sein. Denn nachdem Paris, Sohn des trojanischen Königs Priamos, sie nach Troja entführte, zogen 100 000 griechische Krieger aus, um sie zu befreien. So schreibt es Homer in seiner Ilias. Ist seine Geschichte wahr oder ist alles erfunden? Darüber streiten sich die Wissenschaftler. Wie lautet dein Urteil?

M1 Troja – Mythos oder Wahrheit?

Heinrich Schliemann, Kaufmann aus Mecklenburg, war schon als Kind von den Sagen Homers fasziniert. In der Hoffnung, Troja zu finden, begann er ab 1870 mit seinen Ausgrabungen an den Hügeln von Hisarlik in der heutigen
5 Türkei. Und tatsächlich fand er etwas – den sogenannten Schatz des Priamos, bestehend aus kunstvoll gefertigtem Schmuck, Gefäßen und auch Waffen. Aber hatte er damit wirklich Troja gefunden?
Die Beschreibungen Homers scheinen auf den Fundort zu-
10 zutreffen, er liegt in einer Ebene an der Mündung zweier Flüsse und das Ida-Gebirge liegt nur 50 km südlich. Eventuell hat Homer Troja besucht, allerdings erst rund 450 Jahre nach den Ereignissen, die er in seinem Epos darstellt. Die Besiedlung des Hügels begann bereits ca. 3000 v. Chr. Im
15 Laufe der Zeit wurden immer neue Häuser errichtet, auch auf alten, eingestürzten Gebäuden, sodass der Hügel stetig wuchs und es heute mehrere Ausgrabungsschichten gibt. Schliemann ging jedoch unachtsam mit einigen Schichten um, räumte vermeintlichen Schutt einfach zur Seite. Mit
20 moderner Technologie konnte man diese Schichten datieren. Es bestand tatsächlich eine gut befestigte Stadt, allerdings in einer anderen Grabungsschicht als der, die Schliemann untersuchte. Schliemanns Schatz war nicht der des Priamos.

Laut Homer wurde Troja von den Griechen zerstört und tat-
25 sächlich finden sich Nachweise für eine Zerstörung – verkohltes Material und auch Skelettreste sowie Pfeilspitzen und Schleudersteine. Fand der Trojanische Krieg also wirklich statt? Belegt ist, dass um das Jahr 1200 v. Chr. verheerende Kriege im nordöstlichen Mittelmeerraum stattfanden.
30 Es ist aber ebenso eine Naturkatastrophe zur gleichen Zeit belegt. Nachweise für eine griechische Belagerung konnten hingegen nicht gefunden werden, stattdessen aber Keramik, die wohl aus dem Balkangebiet stammt. Das könnte auch darauf verweisen, dass Troja eine Handelsstadt war, jedoch
35 wurden bisher keine Hafenanlagen entdeckt.
Zudem gehen einige Forscher davon aus, dass Troja kein Zentrum einer Hochkultur war, denn es gibt beispielsweise keine Schriftzeugnisse. Wenn Troja aber eher unbedeutend war, wie erklärt sich dann ein solch monumentales Ereignis
40 wie der Trojanische Krieg?
Den Sieg der Griechen schreibt Homer schließlich einer List zu. In einem großen hölzernen Pferd, als Geschenk vor die Tore Trojas gezogen, verbargen sich die griechischen Krieger und stürmten in der Nacht die Stadt, nachdem die Trojaner
45 das Pferd innerhalb ihrer Mauern gebracht hatten.
Verfassertext

M2 Mein Urteil

_____

_____

_____

_____

_____

1 Lies den Text M1 aufmerksam durch.
2 Unterstreiche mit grün die Aussagen, die für den Trojanischen Krieg laut Homer sprechen, und mit rot die Aussagen, die dagegen sprechen.

3 Formuliere in M2 ein eigenes Urteil zu der Frage: „Gab es Troja bzw. den Trojanischen Krieg?" Begründe deine Meinung.

Griechische Götter

Der Olymp war das religiöse Zentrum Griechenlands, denn hier auf dem Berg residierten die wichtigsten griechischen Götter um Göttervater Zeus. Oft werden die griechischen Götter als rach- und eifersüchtig dargestellt. Stimmt dies wirklich? Gehe dieser Frage nach und bastle dir ein eigenes Memory zu den griechischen Göttern.

Götter unter sich

Die Göttermutter war [...] bei ihrem Lieblingsthema angelangt. „Niemals werde ich dir das verzeihen", sagte sie weinerlich [...]. „Aber es ist doch schon so lange her", entgegnete Zeus. „Ich habe meinen Fehltritt mit der Menschenfrau
5 Alkmene doch aufrichtig bereut [...]." „Ja, indem du mir die nächsten zehn Fehltritte einfach nicht mehr gebeichtet hast!", antwortete Hera hitzig. „Du übertreibst wie immer, meine Liebe." Auch jetzt war die Stimme des Göttervaters noch sanft. „Und was kann der arme Herkules dafür? Was
10 hat er denn nur getan, dass du ihn mit deinem Hass verfolgst?" „Du kannst nicht wirklich erwarten, dass ich das Ergebnis deines Ehebruchs auch noch liebe!", stieß Hera hervor. „Und wenn ich dir schon nichts anhaben kann, dann soll er wenigstens leiden!" „Das ist ja sehr anständig von dir!
15 Eine Göttin mit echtem Gerechtigkeitssinn!" Zeus' Stimme war ein wenig lauter geworden. „Als ob du gerechter wärst!", höhnte Hera. „Denk nur an den armen Prometheus, den du für Jahrtausende an den Felsen hast schmieden lassen, bloß weil er ein bisschen schlauer als du gewesen ist! [...]" Aber
20 jetzt reichte es dem Göttervater. „Zum Donnerwetter!", rief er und stieß mit dem Fuß wütend auf den Wolkenboden des Göttersaals, worauf ein heftiges Gewitter über Griechenland erging. „Ich will nichts mehr hören von diesen alten Geschichten, verstanden?" „Schrei doch nicht so", zischte
25 Hera. „Müssen denn die anderen unbedingt alles mithören?" Tatsächlich schauten die Götter bereits neugierig zu ihnen herüber [...]. Glücklicherweise gab es eine Ablenkung: Hephaistos, der Gott des Feuers, hinkte rußverschmiert in den Saal und fragte: „Hat jemand zufällig Aphrodite gesehen?"
30 Die ganze Götterschar brach in lautes Gelächter aus. Der arme Kerl! Ständig lief er seiner schönen Frau hinterher; so geschickt er beim Schmieden edler Waffen und Gerätschaften war, so unbeholfen war er als Ehemann, und Aphrodite nutzte jede Gelegenheit, ihm Hörner aufzusetzen. Aber wer
35 den Schaden hat, braucht für den Spott nicht zu sorgen. Als nämlich Apollon sagte: „Nein, Aphrodite habe ich nicht gesehen", und scheinheilig hinzufügte „aber seltsam, Ares ist auch nicht hier!", da wurde das Gelächter noch lauter. Der elegante Kriegsgott war nämlich Aphrodites bevorzugter
40 Liebhaber.
Athene, der es immer peinlich war, wenn über so heikle Themen wie eheliche Treue – oder Untreue – geredet wurde, fragte in die allgemeine Heiterkeit hinein: „Sagt mal, bei welcher von den Arbeiten, die er für Eurystheus erledigen muss,
45 ist Herkules gerade?" Sofort wandten sich ihr alle Götter zu – außer Hera natürlich. [...] „Aber Schwesterchen", rief Apollon spöttisch, „dass gerade du nach ihm fragst? Hast du dich etwa in den jungen Mann verliebt?" Athene wurde feuerrot. Unverschämter Kerl! Als ob die Göttin der Weisheit an so
50 niedrige Dinge auch nur denken würde! [...] „Durchaus nicht, Apollon. Deine schlüpfrigen Anspielungen kannst du dir schenken. Ich bin eine Bewunderin seines Mutes, und sein Schicksal liegt mir am Herzen." [...] „Also, welche Arbeit erledigt er gerade?", wiederholte Athene. „Eine wenig angeneh-
55 me", lachte Hermes, der natürlich wie immer Bescheid wusste, „Eurystheus hat ihm aufgetragen, den Stall des Augias auszumisten. Dreitausend Rinder stehen darin, und seit vielen Jahren hat niemand mehr den Dreck beseitigt." Zeus nickte sorgenvoll. „Das ist eine besonders perfide Idee von
60 diesem Eurystheus", meinte er. „Den Gehorsam darf ihm Herkules nicht verweigern, das habe ich ihm selbst untersagt, aber als Halbgott, dem Unsterblichkeit vorherbestimmt ist, darf er solche unwürdigen Tätigkeiten nicht verrichten. Eine schwierige Situation ..." „Dann werde ich schleunigst
65 dafür sorgen, dass sie noch ein bisschen schwieriger wird", rief Hera. Das erste Mal lächelte sie, und ehe sie jemand aufhalten konnte, war ihr Sitz schon leer.
Weit unten auf der Erde, im Stall des Augias, aber stand plötzlich eine Kuh mehr, die einen ausgesprochen bösartigen
70 Ausdruck in ihren großen Augen hatte. Oben, im Göttersaal des Olymps, runzelte Zeus die Stirn. „Wenn sie ihm die Lösung dieser Aufgabe unmöglich macht, werde ich sie zur Rechenschaft ziehen." „Ich werde ihm vorsichtshalber ein wenig helfen", erklärte Hermes, der Götterbote, und sogleich
75 war auch sein Sitz leer. [...] Einige Zeit verging; den sterblichen Menschen wäre sie wie ein ganzer Tag erschienen. Dann saß Hermes wieder auf seinem Stuhl. [...] „Er hat die Aufgabe glänzend gelöst. [...] Er hat einfach zwei Flüssen ein neues Bett gegraben, sie umgeleitet und mit ihnen den Mist
80 aus dem Stall geschwemmt. In kurzer Zeit war alles sauber, und das einzige, was den Rindviechern geschehen ist, ist, dass sie ein wenig nass geworden sind." Kaum hatte Hermes seinen Bericht beendet, als plötzlich Hera wieder auf ihrem Sessel neben dem Göttervater saß. Ihr Haar war nass,
85 und ein Duft ging von ihr aus, dass sich die anderen entsetzt die Nase zuhielten. Zeus achtete nicht auf sie. „Nicht nur gewaltige Kräfte hat er", dachte er „sondern auch einen überragenden Verstand. Natürlich, er ist ja mein Sohn." Zufrieden lächelte er vor sich hin. Den Blick, den Hera ihm zuwarf, als
90 sie seinen Stolz bemerkte, sah er nicht. Und das war gut so, denn wenn er ihn gesehen hätte, dann wäre wohl selbst der Göttervater bleich geworden.

Zit. nach: Harald Parigger, Geschichte erzählt. Von der Antike bis zum 20. Jahrhundert, Berlin 1994 (Cornelsen Scriptor), S. 40–43.

Bastelbogen

1 Schneide die Götterbilder in M2 aus.
2 Lies die Geschichte in M1. Notiere auf der Rückseite der Götterbilder folgende Informationen zu den abge-bildeten Göttern: Name, Aufgabe und zwei Eigen-schaften. So kannst du sie als Lernkarten nutzen.

Name des Gottes:	Name des Gottes:	Name des Gottes:
_____	_____	_____
Aufgabe:	Aufgabe:	Aufgabe:
_____	_____	_____
Eigenschaften:	Eigenschaften:	Eigenschaften:
_____	_____	_____
Name des Gottes:	Name des Gottes:	Name des Gottes:
_____	_____	_____
Aufgabe:	Aufgabe:	Aufgabe:
_____	_____	_____
Eigenschaften:	Eigenschaften:	Eigenschaften:
_____	_____	_____
Name des Gottes:	Name des Gottes:	Name des Gottes:
_____	_____	_____
Aufgabe:	Aufgabe:	Aufgabe:
_____	_____	_____
Eigenschaften:	Eigenschaften:	Eigenschaften:
_____	_____	_____

Olympia – Ein Fest für die Götter

Die Olympischen Spiele sind das größte Sportereignis der Welt. Wenn die Athleten um Gold, Silber und Bronze kämpfen, schauen Millionen Menschen am Fernseher zu. Viele Sportler trainieren ihre ganze Karriere darauf hin, einmal an diesem Wettbewerb teilzunehmen. Auch in der *Antike stellten die Olympischen Spiele ein besonderes Ereignis dar. Sie entstanden ursprünglich aus kultischen Riten zu Ehren der griechischen Götterwelt. Hier kannst du etwas über die Bedeutung der antiken Olympischen Spiele erfahren.*

Der griechische Geschichtsschreiber und Geograph (63 v. Chr.–23 n. Chr.) über die Entstehung der ersten Olympischen Spiele im Jahr 776 v. Chr.

Was bleibt noch übrig, von Olympia zu sprechen und von dem Übergang des Ganzen auf die Eleer. Das Heiligtum liegt [...] weniger als dreihundert Stadien von Elis entfernt. Davor ist ein Hain von wilden Oliven, in dem das Stadion
5 liegt. [...] Seine Berühmtheit verdankte Olympia ursprünglich dem Orakel des olympischen Zeus. Nachdem dieses eingegangen war, blieb der Ruhm des Heiligtums jedoch bestehen und erhielt einen mächtigen Zuwachs [...] durch das Fest und den Kranz bringenden, heiligen olympischen Wett-
10 kampf, der als der allergrößte gilt.
Das Heiligtum wurde durch eine große Zahl von Weihegeschenken aus ganz Griechenland geschmückt. [...] Das größte von diesen Geschenken war das Kultbild des Zeus, das der Künstler Phidias [...] aus Elfenbein geschaffen hatte. [...]
15 Die Eleer hatten die Aufsicht über das Heiligtum und den Wettkampf übernommen. [...] Es wird berichtet, sie und andere Griechen hätten [...] die [...] Übereinkunft getroffen, dass Elis dem Zeus heilig und jeder, der gerüstet gegen dieses Land zöge, fluchbeladen sei, ebenso wie jeder, der nicht
20 [...] zu Hilfe käme. Deshalb hätten auch die späteren Gründer der Stadt Olympia [...] diese nicht ummauert. Auch hätten diejenigen, die mit einer Armee nur das Land durchqueren wollten, ihre Waffen abgegeben und nach dem Verlassen des Gebietes zurückerhalten, und man habe den olympi-
25 schen Wettkampf eingerichtet [...].
Zit. nach: Strabons Geographika, mit Übersetzung und Kommentar, hg. v. Stefan Radt, Buch V–VIII: Text und Übersetzung, Göttingen 2003, S. 445–447.

Richtig oder falsch?

Nr.	Aussage	richtig	falsch
1	Die Olympischen Spiele waren dem Göttervater Poseidon geweiht.		
2	Die ersten Olympischen Spiele fanden in Elis statt.		
3	Im Land der Olympischen Spiele waren Waffen verboten.		
4	Alle, die gegen Elis Krieg führten, wurden von Zeus unterstützt.		
5	Die Stadt Elis war von Anfang an für die Austragung der Olympischen Spiele bekannt.		
6	Die Stätte wurde von den Griechen als Heiligtum verehrt.		

Korrekturen

_____

_____

1 Lies die Quelle in M1 genau durch.
2 Entscheide, ob die Aussagen in M2 richtig oder falsch sind.
3 Korrigiere die falschen Aussagen in M3.

Olympia –Sport in der Antike

Die antiken Olympischen Spiele gehören zu den panhellenischen Agonen (gesamtgriechischen Wettkämpfen). Es wurde nämlich nicht nur in Olympia um den Sieg gerungen, sondern auch in Delphi, Korinth und Nemea. Damit sind die vier großen heiligen Agone genannt. Die Spiele hatten jedoch nicht nur Befürworter und wurden bereits von einigen Zeitgenossen kritisch beäugt und von dem römischen Kaiser Theodosius I. sogar verboten.

Erst Pierre de Coubertin belebte den olympischen Gedanken wieder und gründete 1894 das Internationale Olympische Komitee. Welche Sportarten und Disziplinen in der Antike ausgeübt wurden und welche Kritik geäußert wurde, kannst du auf dieser Doppelseite erfahren.

M 1 Olympische Disziplinen auf griechischen Vasen

M2 Milon ☐ Pro ☐ Kontra

„Welche Bedeutung und Freude ein Sieg bei den Olympischen Spielen hervorrufen kann, zeigt meine eigene
Familie. Mein Vater freute sich über meinen Sieg im Ring-
kampf so sehr, dass er einen Herzinfarkt erlitt. Über den
5 schmerzlichen Verlust half mir der unsterbliche Ruhm
hinweg, den der Sieg mir verliehen hat. In der gesamten
griechischen Welt bin ich nun als Sieger von Olympia be-
kannt und geachtet. In meiner Heimatpolis wurde ich mit
einem Festzug empfangen, mir wurde auch ein Standbild
10 errichtet und seit meinem Sieg darf ich bis zu meinem
Lebensende im Rathaus der Stadt kostenlos speisen."

M3 Solon ☐ Pro ☐ Kontra

„Es ist sinnvoll, dass junge Männer ihren Körper durch
viele Übungen trainieren und damit unempfindlich und
kräftiger werden. Sie können nicht nur durch ihre Siege in
Olympia den Ruhm unserer Stadt vergrößern, sondern
5 sie können auch das Gelernte im Kriegsfall mit der Waffe
in der Hand anwenden. Wir können so unsere Feinde be-
zwingen und unseren Nachbarn Furcht einjagen. In Frie-
denszeiten sind sie durch das ständige Training nicht faul
und untätig. Unsere Stadt hat eine Jugend, die auf den
10 Krieg, aber auch auf den Frieden vorbereitet ist."

M4 Anarchasis ☐ Pro ☐ Kontra

„Weswegen tun dies die jungen Männer? Die einen um-
schlingen einander und stellen sich ein Bein, versuchen
sich gegenseitig zu Boden zu werfen und wälzen sich wie
Schweine im Kot. Das Erbärmlichste ist, dass so viele Zu-
5 schauer Zeugen der Misshandlung der Athleten sind. Ich
wundere mich sehr, dass sie ihre wichtigen Geschäfte
beiseitelassen und für derartige Darbietungen Zeit finden. Ich kann nicht begreifen, dass es ihnen Vergnügen
bereiten soll, Menschen zu sehen, die sich stoßen und
10 boxen und sich zu Boden schmettern."

M5 Isokrates ☐ Pro ☐ Kontra

„Mit Recht lobt man diejenigen, die die Olympischen
Spiele eingeführt haben. Denn ihnen verdanken wir es,
dass wir uns, nachdem der Friede ausgerufen worden ist
und alle Feindschaften beigelegt worden sind, an einem
5 Ort zusammenfinden und zusammen Zeus Gebete und
Opfer darbringen. Dabei erinnern wir uns an die beste-
hende Verwandtschaft, verbessern für die Zukunft das ge-
genseitige Verständnis, erneuern alte Freundschaften und
knüpfen neue."

M6 Xenophanes ☐ Pro ☐ Kontra

„Nun gut, wenn einer in Olympia einen Sieg erringt, weil
seine Füße schnell laufen können, er die Kunst des Bo-
xens oder Ringens beherrscht, wird er bei öffentlichen
Veranstaltungen einen Ehrensitz erhalten und vielleicht
5 sogar ein Standbild aufgestellt bekommen und er wird
Speisungen aus dem öffentlichen Vermögen erhalten.
Aber trotzdem ist er mir an Wert nicht gleich. Denn Klugheit ist besser als Stärke. Es ist also ungerecht, Klugheit
geringer zu achten als Stärke. Nein, die Spiele machen
10 keinen Sinn. Die Heimatpolis des Siegers ist durch seinen Sieg nicht in besserer Verfassung als vorher."

M7 Dion ☐ Pro ☐ Kontra

„Kommt ihr in das Stadion, wer vermag das Geschrei
und den Lärm zu beschreiben, die ungeheure Erregung,
all die Schimpfwörter, die man ständig dort hört. Und
wozu das ganze Durcheinander, die ganze Aufregung?
5 Was ist denn das für ein Wettkampf? Hier wird weder um
ein Königreich noch um eine Frau gekämpft, noch steht
das Leben auf dem Spiel, sondern es ist ein Kampf er-
bärmlicher Gestalten, der nur um das nichtsnutzige Geld
geht. Einmal siegen sie, einmal unterliegen sie, aber im-
10 mer sind es die gleichen."

*Zit. nach: Bender, Barbara, Die Olympischen Spiele - sinnvoll oder unsinnig, in: Urteilsbildung im Geschichts- und
Politikunterricht, hg. v. Jörg Kayser und Ulrich Hagemann (= Themen und Materialien, Fachdidaktische Hilfen 3, BpB),
Bonn 2005, S. 59-69. Baltmannsweiler: Schneider-Verlag Hohengehren, 2. unveränd. Auflage 2010.*

1 Betrachte die Bilder in M1.
Wähle aus:
a) Schreibe die Sportdisziplin auf, die jeweils dargestellt wird.
b) Benenne die dargestellte Sportdisziplin. Prüfe, inwiefern es diese Sportdisziplin heute noch gibt und
was sich im Vergleich zur Antike verändert hat. Mache
dir dazu Notizen.

2 Lies die Quellen M2–M7.
· Kreuze hinter dem Autor an, ob er für (pro) oder gegen (kontra) die Olympischen Spiele ist.
· Unterstreiche jeweils die Argumente, die die Autoren
anführen.
3 Diskutiere in der Klasse: Haltet ihr die Olympischen
Spiele für sinnvoll oder unsinnig?

Leben bei den Persern

Über die Anfänge der persischen Geschichte wissen wir relativ wenig. Sicher ist, dass der Achaimeniden-König Kyros II. Mitte des ersten Jahrtausends v. Chr. einen erfolgreichen Aufstand gegen die Meder anführte und mit seiner Expansionspolitik den Grundstein des später riesi-gen Perserreiches legte. Mit den benachbarten Griechen kam es v. a. unter den persischen Großkönigen Dareios I. und III. zu Konflikten, die sich zu Kriegen entwickelten. Wer waren diese Perser?

Der griechische Historiker Herodot über die Glaubensvorstellung und Sitten der Perser:

Es ist nicht Sitte bei ihnen, Götterbilder, Tempel und Altäre zu errichten. Wer das tue, sei töricht, sagen sie. Offenbar stellen sie sich die Götter nicht wie die Hellenen [Griechen] als menschenähnliche Wesen vor. Dem Zeus pflegen sie

5 oben auf den Gipfeln der Berge zu opfern, und zwar bezeichnen sie mit dem Namen Zeus das ganze Himmelsgewölbe. Sie opfern auch der Sonne, dem Monde, der Erde, dem Feuer, dem Wasser und den Winden. [...] Bei den Persern genießen die nächsten Nachbarn die höchs-

10 te Achtung nach ihnen selber [...]. Sich selber halten sie nämlich für die allervorzüglichsten Menschen auf Erden, die Tüchtigkeit der Umwohnenden richtet sich, meinen sie, nach der Entfernung von ihnen, und die Fernsten sind die Allergeringsten. [...]

15 Kein Volk ist fremden Sitten so zugänglich wie das persische. Sie finden die medische Kleidung schöner als die ihrige und tragen sie infolgedessen. Ebenso tragen sie im Kriege den ägyptischen Brustpanzer. Alle Genüsse und Vergnügungen, die sie kennen lernen, führen sie bei sich ein. [...]

20 Die Haupttugend ist Tapferkeit. Ferner gilt es als Verdienst, viele Söhne zu zeugen. Wer die meisten Söhne hat, erhält vom König ein jährliches Geschenk. Auf die Zahl legen sie das Hauptgewicht. Sie unterweisen die Knaben vom fünften bis zum zwanzigsten Jahre; aber nur drei Dinge lernen sie:

25 Reiten, Bogenschießen und die Wahrheit sagen. [...] Diese Sitte lobe ich, ebenso die andere, dass nicht einmal der König wegen eines bestimmten Vergehens einen Menschen erschlagen darf, überhaupt kein Perser an seinem Knecht aus einem bestimmten Anlass eine tödliche Strafe vollziehen

30 darf. Nur wenn er nach sorgfältiger Abwägung findet, dass der Knecht ihm mehr Ärger verursacht als Dienste geleistet hat, darf er seinem Zorn so weit nachgeben. [...] Was ihnen zu tun verboten ist, dürfen sie auch nicht aussprechen. Das Entehrendste ist bei ihnen das Lügen. An zweiter Stelle steht

35 das Schuldenmachen, dies aus vielen Gründen, namentlich aber, weil ihrer Meinung nach ein Schuldner notwendig in die Lage kommt zu lügen.

Zit. nach: Herodot, Historien I. 131–138, übersetzt von August Horneffer, Stuttgart: Kröner Verlag 1971, S. 62 ff. bearb.

Mein Brief an Herodot

_____

_____

_____

_____

_____

_____

1 Lies den Bericht Herodots über die Perser.

2 Stell dir vor, dieser Bericht ist das Antwortschreiben auf einen Brief, den du geschrieben hast. Verfasse diesen Brief so, dass Herodots Bericht Antworten auf all deine Fragen gibt.

Leben in Athen

Athen gilt als Wiege der Demokratie. Allerdings durften nicht alle Athener an politischen Entscheidungen teilhaben, sondern nur den männlichen Bürgern war es vorbehalten, Politik zu betreiben. Anders sah es bei den Festen aus. An den Feiern zu Ehren der Stadtgöttin Athene – den Panathenäen – durften alle Bewohner teilnehmen. Dieses Fest war für die Gemeinschaft der Polis besonders wichtig. Neben musikalischen Veranstaltungen gab es Lesungen aus der „Ilias" und der „Odyssee" sowie Sportwettkämpfe. Ein besonderer Höhepunkt war der Festumzug, der auf der Akropolis endete. Auf dieser Seite kannst du dich in diese Zeit hineinversetzen.

M1

Rekonstruktionszeichnung der Akropolis während der Panathenäen, dem Fest der Schutzgöttin Athene, Peter Connolly 1998

M2 **Tagebucheintrag bzw. Zeitungsartikel**

1 Recherchiere wichtige Informationen zum Fest der Panathenäen im Internet. Beachte dabei die in M1 auf Seite 12 beschriebene Vorgehensweise.
2 **Wähle aus:**
a) Stell dir vor, du lebst im antiken Athen und nimmst an den Panathenäen teil. Betrachte das Bild in M1 genau und verfasse einen Tagebucheintrag zu diesem Bild.
b) Du bist Reporter und sollst einen Bericht für eine Zeitung über die Panathenäen verfassen. Betrachte das Bild M1 genau und schreibe einen Zeitungsartikel.

Leben in Sparta

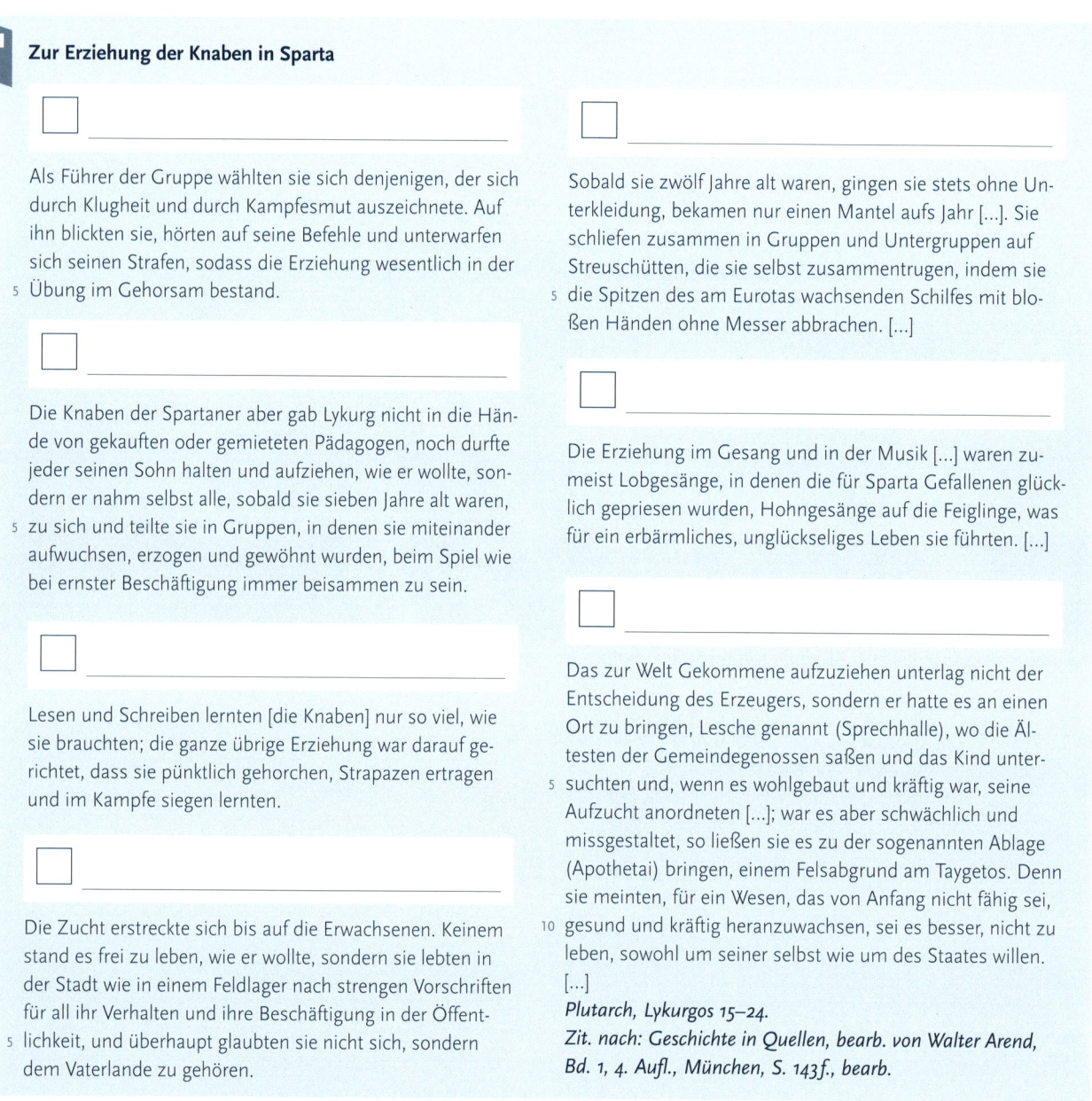

Neben Athen war Sparta eine bedeutende griechische Polis. Um 900 v. Chr. wurde die Polis gegründet und spätestens seit dem 6. Jahrhundert v. Chr. bildete sich in Sparta eine besondere soziale und politische Ordnung heraus, die sich von der der anderen Poleis unterschied – eine Ordnung, die von Kampf und Krieg geprägt war. Das Zusammenleben der Spartaner war einer *besonderen Disziplin unterworfen, zu der schon die Kinder erzogen wurden. Wie sah die Erziehung der Jungen in Sparta aus? Plutarchs Biographie über den sagenhaften Gesetzgeber Lykurg gibt uns darauf einige Antworten.*

M 1 Zur Erziehung der Knaben in Sparta

☐ _____

Als Führer der Gruppe wählten sie sich denjenigen, der sich durch Klugheit und durch Kampfesmut auszeichnete. Auf ihn blickten sie, hörten auf seine Befehle und unterwarfen sich seinen Strafen, sodass die Erziehung wesentlich in der
5 Übung im Gehorsam bestand.

☐ _____

Die Knaben der Spartaner aber gab Lykurg nicht in die Hände von gekauften oder gemieteten Pädagogen, noch durfte jeder seinen Sohn halten und aufziehen, wie er wollte, sondern er nahm selbst alle, sobald sie sieben Jahre alt waren,
5 zu sich und teilte sie in Gruppen, in denen sie miteinander aufwuchsen, erzogen und gewöhnt wurden, beim Spiel wie bei ernster Beschäftigung immer beisammen zu sein.

☐ _____

Lesen und Schreiben lernten [die Knaben] nur so viel, wie sie brauchten; die ganze übrige Erziehung war darauf gerichtet, dass sie pünktlich gehorchen, Strapazen ertragen und im Kampfe siegen lernten.

☐ _____

Die Zucht erstreckte sich bis auf die Erwachsenen. Keinem stand es frei zu leben, wie er wollte, sondern sie lebten in der Stadt wie in einem Feldlager nach strengen Vorschriften für all ihr Verhalten und ihre Beschäftigung in der Öffent-
5 lichkeit, und überhaupt glaubten sie nicht sich, sondern dem Vaterlande zu gehören.

☐ _____

Sobald sie zwölf Jahre alt waren, gingen sie stets ohne Unterkleidung, bekamen nur einen Mantel aufs Jahr [...]. Sie schliefen zusammen in Gruppen und Untergruppen auf Streuschütten, die sie selbst zusammentrugen, indem sie
5 die Spitzen des am Eurotas wachsenden Schilfes mit bloßen Händen ohne Messer abbrachen. [...]

☐ _____

Die Erziehung im Gesang und in der Musik [...] waren zumeist Lobgesänge, in denen die für Sparta Gefallenen glücklich gepriesen wurden, Hohngesänge auf die Feiglinge, was für ein erbärmliches, unglückseliges Leben sie führten. [...]

☐ _____

Das zur Welt Gekommene aufzuziehen unterlag nicht der Entscheidung des Erzeugers, sondern er hatte es an einen Ort zu bringen, Lesche genannt (Sprechhalle), wo die Ältesten der Gemeindegenossen saßen und das Kind unter-
5 suchten und, wenn es wohlgebaut und kräftig war, seine Aufzucht anordneten [...]; war es aber schwächlich und missgestaltet, so ließen sie es zu der sogenannten Ablage (Apothetai) bringen, einem Felsabgrund am Taygetos. Denn sie meinten, für ein Wesen, das von Anfang nicht fähig sei,
10 gesund und kräftig heranzuwachsen, sei es besser, nicht zu leben, sowohl um seiner selbst wie um des Staates willen. [...]
Plutarch, Lykurgos 15–24.
Zit. nach: Geschichte in Quellen, bearb. von Walter Arend, Bd. 1, 4. Aufl., München, S. 143f., bearb.

1 Plutarchs Bericht findet sich auf dieser Seite in einzelnen Abschnitten, die durcheinandergeraten sind. Lies die einzelnen Abschnitte und gib ihnen Überschriften. Ordne die Abschnitte. Nummeriere sie dazu.

2 Wie bewertest du die Vorgehensweise der Spartaner bei der Erziehung? Schreibe dazu zwei bis drei Sätze in dein Heft.

Perserkriege

Bis ins 6. Jahrhundert v. Chr. lebten die Perser und Griechen friedlich miteinander. Doch durch die Ausdehnung des persischen Reiches und den sich daraus entwickelnden Weltherrschaftsanspruch unter Dareios I. und Xerxes I. gerieten auch die griechischen Stadtstaaten in den Fokus des östlichen Nachbarn. Durch den persischen Angriff auf die griechische Freiheit veränderten sich nicht nur die Beziehungen beider Völker nachhaltig. Die Verteidigung war für fast 200 Jahre das dominierende Thema im Mittelmeerraum. Was geschah bei den Perserkriegen? Wie konnten sie abgewendet werden?

M1

Die Perserkriege

Die Angriffe der Perser auf Griechenland lassen sich auf den Zeitraum von 500 bis 449 v. Chr. datieren. In dieser Zeit erreichte das persische Großreich seine größte Ausdehnung und strebte nach Weltherrschaft. Angesichts der beeindru-
5 ckenden persischen Armee unter Großkönig Dareios I. (522 bis 486 v. Chr.) entschieden sich viele griechische Städte dafür, sich ihm zu unterwerfen. Nur Athen, Sparta und einige Poleis der Peloponnes blieben unabhängig.
490 v. Chr. landeten die Perser bei Marathon in Attika. Aber
10 dem Athener Miltiades gelang es, obwohl er nur ein kleines Heer befehligte, die Perser in die Flucht zu schlagen. Unter dem Großkönig Xerxes I. (486–465 v. Chr.) unternahmen die Perser im Jahr 480 v. Chr. einen zweiten Feldzug. Von den Dardanellen zogen sie an der Küste entlang. Die
15 Athener hatten sich mittlerweile im Hellenischen Bund mit anderen Stadtstaaten und auch mit Sparta zusammengeschlossen. An einem Engpass zwischen Gebirge und Meer opferte sich der Spartanerkönig Leonidas in der berühmten Schlacht an den Thermopylen mit seinen 300 Männern und
20 es gelang ihnen, das riesige persische Heer so lange aufzuhalten, bis die Griechen ihre Verteidigung organisiert hatten. Zwar zogen die Perser weiter bis nach Athen und die plünderten die Stadt. Aber die Athener hatten die Stadt rechtzeitig evakuiert und konnten in der berühmten Seeschlacht von Sa-
25 lamis, in der Nähe des Hafens von Athen, die persische Flotte vernichtend schlagen. Das persische Landheer wurde 479 v. Chr. in der Schlacht bei Plataiai besiegt. Dies bedeutete das Ende der persischen Versuche, Griechenland zu erobern.
Verfassertext

M2

---

1 Unterstreiche im Informationstext M1 wichtige Informationen zu den Perserkriegen.

2 Betrachte dir die Szenen in M2. Verfasse nun in den Sprechblasen mithilfe der Informationen aus M1 einen Dialog zwischen dem persischen Großkönig Xerxes I. und dem Spartaner Leonidas.

Alexander der Große

„Alexander der Große eroberte ein Weltreich." Mit diesem Satz wird häufig das Vermächtnis des makedonischen Königs zusammengefasst, der 323 v. Chr. im Alter von nicht einmal 33 Jahren starb. Drei große Schlachten gegen die Perser, in denen Alexander siegreich war, be-

gründeten seinen Ruhm und brachten ihm den Beinamen „der Große" ein. Aber für die Herrschaft über ein Weltreich waren noch weitere Feldzüge notwendig. Welche dies waren, kannst du auf dieser Seite erfahren.

M1

Legende:
- Reich Alexanders des Großen
- Von Alexander abhängige Staaten
- Zug Alexanders
- Zug anderer makedonischer Abteilungen
- Wüsten und Steppen
- X Wichtige Schlacht

0 250 500 km

M2 Methode „Karten analysieren"

Schritt A: Das Thema einer Karte ermitteln

_____

_____

_____

Schritt C: Den Maßstab feststellen

_____

_____

_____

Schritt B: Die Kartenlegende deuten

_____

_____

_____

Schritt D: Die Aussagen der Karte zusammenfassen

_____

_____

_____

_____

_____

_____

_____

_____

_____

_____

_____

_____

_____

_____

_____

_____

_____

_____

_____

_____

_____

Teste dich

Das konnte ich gut

_____

_____

_____

_____

Das muss ich noch üben

_____

_____

_____

_____

_____

1 Wiederhole die Methode „Karten analysieren", indem du in M2 die übergeordneten Schritte mit den entsprechenden Unteraufgaben versiehst.

2 Führe die Methode „Karten analysieren" am Beispiel von M1 durch.

3 Trage in den Kasten „Teste dich" ein, was du bei der Methode „Karten analysieren" gut konntest und was du noch üben musst.

Die griechische Geschichte hatte großen Einfluss auf spätere Kulturen, auch auf unsere. So ist zum Beispiel die Demokratie, in der wir heute leben, ursprünglich in Griechenland entstanden. Aber auch weitere Errungenschaften der griechischen Kultur werden noch heute fortgesetzt, zum Beispiel die Olympischen Spiele. Durch die Eroberungen Alexanders wurde die griechische Kultur verbreitet und es entstanden viele neue Städte. Was du in diesem Kapitel über Griechenland gelernt hast, kannst du auf dieser Seite testen.

Kreuzworträtsel

senkrecht

1. Makedonischer Feldherr.
2. Bündnis der Griechen gegen die Perser.
3. „Entdecker" Trojas.
4. Kriegsgott.
5. Sohn des Zeus.
6. Religiöses Zentrum Griechenlands.
7. Wiege der Demokratie.
8. Landschaft, in der die Olympischen Spiele stattfanden.

waagerecht

1. Milon von Kroton war ein ...
2. Disziplin bei der antiken Olympischen Spiele, die es heute nicht mehr gibt.
3. Spartanischer König.
4. Großreich, das von Alexander dem Großen erobert wurde.
5. Berühmter Mathematiker, Physiker und Ingenieur.
6. Verfasser der Ilias.
7. Sagenhafter Gesetzgeber in Sparta.
8. Feiern zu Ehren der Stadtgöttin Athene.
9. Burgberg in Athen.

Lösungswort: ___ ___ ___ ___ ___ ___ ___ ___

M2 Lügentext zur griechischen Geschichte

Die Griechen waren bis zu Regierungszeit von Alexander dem Kleinen kein einheitlicher Staat. Sie bestanden aus vielen freien Hansestädten, die eigenverantwortlich handelten. Durch geschickte
5 Verhandlungen konnte Alexander auf friedlichem Wege ein Weltreich erschaffen, das beinahe die gesamte bekannte Welt umfasste. Bedroht wurden die griechischen Hansestädte immer wieder aus dem Osten durch die Inder. Schließlich konnten die An-
10 greifer in der Schlacht von Waterloo besiegt werden.
Die Griechen waren sehr religiös. Sie glaubten an viele Götter, die auf dem Brocken lebten und von dort das Geschehen auf der Erde bestimmten. Der
15 wichtigste war Jupiter – der Götterchef. Jede Stadt hatte einen bestimmten Schutzgott. So war Diana die Schutzgöttin Athens. Den Göttern zu Ehren wurden jährliche Feste veranstaltet. Eines dieser Feste waren auch die Weltmeisterschaften. Sie wur-
20 den dem Göttervater Hephaistos gewidmet. Auf dem Wettbewerbsgelände durften Waffen getragen werden. Weiterhin durfte in dieser Zeit auch Krieg geführt werden – dies wurde olympischer Krieg genannt. In unterschiedlichen Sportarten kämpften
25 die besten Sportler gegeneinander. So zum Beispiel im Stabhochsprung und im Volleyball. Seit dem Jahr 2000 gibt es die Olympischen Spiele der Neuzeit. Es interessiert sich aber kaum jemand dafür.
Verfassertext

„Das hat mich besonders interessiert"

1 Löse das Kreuzworträtsel M1 (Ä = AE; Ö = OE; Ü = UE). Die Buchstaben in den grünen Kästchen ergeben richtig sortiert das Lösungswort.

2 Im Lügentext in M2 haben sich 16 Fehler eingeschlichen. Finde und markiere diese. Korrigiere sie anschließend auf den Linien neben dem Text.

3 Trage in den Kasten „Das hat mich besonders interessiert" ein, was dich an der Thematik „Griechenland" besonders interessiert hat, und erläutere warum.

Personen in der Geschichte

Das Römische Weltreich gilt auch heute noch als das bedeutendste der Geschichte. Es umfasste den gesamten Mittelmeerraum und weite Regionen in Europa, Asien und Afrika. Wenn wir heute an die römische Antike zurückdenken, fallen uns meist zuerst einzelne Herrscher ein, die dieses riesige Reich prägten. Wer waren sie? Wie lenkten sie die Geschicke Roms?

 M 1 Personen der römischen Geschichte

Gaius Julius Caesar

Lebensdaten: _____

_____

Regierung: _____

_____

Wirken: _____

_____

_____

_____

_____

_____

_____

Augustus

Lebensdaten: _____

_____

Regierung: _____

_____

Wirken: _____

_____

_____

_____

_____

_____

_____

Pompeius

Lebensdaten: _____

_____

Regierung: _____

_____

Wirken: _____

_____

_____

_____

_____

_____

_____

M1

| Spartacus | Nero | Trajan |

Lebensdaten: _____

_____

Aufstand: _____

_____

Wirken: _____

_____

_____

_____

_____

Lebensdaten: _____

_____

Regierung: _____

_____

Wirken: _____

_____

_____

_____

_____

Lebensdaten: _____

_____

Regierung: _____

_____

Wirken: _____

_____

_____

_____

_____

M2 **Zeitstrahl zur römischen Geschichte**

1 Recherchiere in einem Lexikon oder im Internet die Informationen zu den sechs genannten bedeutenden römischen Personen in M1. Beachte bei einer Internetrecherche die in M1 auf Seite 12 beschriebene Vorgehensweise.

2 Beschrifte den Zeitstrahl in M2. Trage anschließend die 6 Personen aus M1 mit ihren Lebensdaten in den Zeitstrahl ein.

Die Gründung Roms

Über die Gründung der Stadt Rom gibt es sagenhafte Geschichten. Dadurch wurde versucht, die Bedeutung dieses Ortes zu steigern, damit sich die Bevölkerung Roms seiner selbst vergewissern und die Herrschaft über andere Stämme und Völker rechtfertigen konnte. Aber

was ist wahr an dieser Sage? Dies kannst du auf dieser Seite überprüfen.

Methode „Die historische Wahrheit aus Sagen ermitteln"

Sagen sind für Historiker wichtige und wertvolle Geschichtsquellen. Wie der Name bereits vermuten lässt, wurden sie zunächst mündlich verbreitet und erst später schriftlich festgehalten. Problematisch ist, dass die Wahrheit während der mündlichen Verbreitung oftmals durch erdichtete Passagen ergänzt wurde. Sagen geben darüber Auskunft, auf welche Weise die Menschen einen historischen Sachverhalt idealisierten. Historiker müssen nun herausfinden, welche Teile der Sagen wahr und welche erfunden sind. Um diese Quellen zu analysieren, sind die folgenden Schritte notwendig:

Schritt A: Den Inhalt der Sage zusammenfassen

Schritt B: Vergleich des Inhalts aus der Sage mit den Ergebnissen der historischen Forschung

Schritt C: Ein Fazit des Vergleichs ziehen

Die Gründungssage Roms

Unser Stammvater ist Äneas, einer der großen Helden der Trojaner. Sein Vater war Anchises, seine Mutter war die Göttin Aphrodite, sie wird von uns Venus genannt. Als Troja dem Untergang nahe war, befahl die besorgte Mutter dem
5 Sohn, mit dem altersschwachen Vater zu fliehen. Also machten sich Äneas und Anchises auf den Weg, der sie nach einer göttlichen Vorsehung nach Italien führen sollte.
Nach langen Irrfahrten gelangten sie zunächst zur Königin Dido von Karthago. Dido verliebte sich in Äneas und wollte
10 ihn immer bei sich behalten. Äneas aber folgte seiner Bestimmung und fuhr weiter. Aus lauter Verzweiflung tötete sich Dido. Das nehmen uns die Karthager bis heute übel. Schließlich gelangten Äneas und sein Vater, wie vorhergesagt, nach Italien, und Äneas heiratete dort die Tochter des
15 latinischen Königs. Aus ihren Nachkommen gingen die Könige Latiums hervor.
Eines Tages gerieten zwei Königssöhne in Streit um den Thron. Der unrechtmäßige Erbe vertrieb dabei den rechtmäßigen Nachfolger und bestimmte, dass dessen Tochter Rea
20 Silvia Priesterin werden, unverheiratet und kinderlos bleiben sollte. Da schritt Gott Mars ein und zeugte mit Rea Zwillinge: Romulus und Remus. Als der unrechtmäßige König von

diesem unerwünschten Nachwuchs hörte, ließ er die Zwillinge in einem Korb auf dem Tiber aussetzen. Doch der Korb
25 wurde in Rom am Fuße des Hügels Palatin angeschwemmt, wo eine Wölfin von dem jämmerlichen Geschrei angelockt wurde. Aber die Wölfin tat den beiden nichts, sondern säugte sie, bis ein Hirte die Jungen bei sich aufnahm und aufzog. Jahre später, als Romulus und Remus von ihrer Herkunft er-
30 fuhren, töteten sie den unrechtmäßigen König von Latium und gründeten auf dem Palatin, dem Ort ihrer Rettung, eine Stadt. Die Frage, wer Herrscher werden sollte, ließen sie durch Vogelflug entscheiden: Sieger und Herrscher sollte der sein, der in seinem Bereich des Himmels die meisten
35 Adler vorbeifliegen sah. Romulus zählte zwölf Adler, Remus nur sechs. Aber Remus hatten sich die Vögel zuerst gezeigt und so wollte er nicht nachgeben. Da begann Romulus, um das künftige Stadtgebiet eine Mauer zu errichten. Remus verspottete den Bruder, indem er über die noch niedrige
40 Mauer sprang. Voller Zorn tötete daraufhin Romulus den Bruder und schrie: „So soll es jedem ergehen, der über die Mauern dieser Stadt steigt!" Auf diese Weise wurde Romulus zum Gründer der Stadt und gab ihr den Namen „Roma".
Zit. nach: Forum Geschichte 5/6 Thu, Berlin (Cornelsen) 2012, S. 124.

M 3

Historiker über die Gründung der Stadt

Die Untersuchungen von Archäologen ergaben, dass bereits um 1000 v. Chr. sabinische und latinische Gruppen an der Stelle siedelten, an der sich heute die Stadt Rom befindet. Hier fanden die Hirten- und Bauernvölker fruchtbaren Boden vor. Weiterhin war der Fluss Tiber hier sehr gut zu durchqueren, da in der Mitte die sogenannte Tiberinsel lag. Zudem konnten durch einen alten Handelsweg die produzierten Güter gut ins Hinterland transportiert werden. Um 700 v. Chr. kam es zur Einwanderung eines weiteren Volkes, der Etrusker. Sie siedelten zunächst nördlich der sabinischen und latinischen Stätte. Die Etrusker brachten neue Lebensweisen in die Gegend: Häuser wurden aus Stein gebaut, Kunst wurde aus Griechenland und Ägypten beschafft, neue Verfahren der Metallverarbeitung wurden eingeführt und moderne Wassertechniken eingesetzt. Knapp 100 Jahre später besiedelten die Etrusker das heutige Stadtgebiet Roms. Sie sorgten für den Ausbau der Stadt und errichten den späteren Stadtmittelpunkt, das Forum.

Verfassertext

M 4

Vergleich Inhalt der Sage und historische Fakten

Inhalt der Sage	Historische Fakten

M 5

Fazit des Vergleichs

_____

_____

Teste dich

Das konnte ich gut

_____

_____

_____

Das muss ich noch üben

_____

_____

_____

1 Schaue dir den Methodenkasten M1 gründlich an und kläre mit deinem Banknachbarn die einzelnen Schritte.

2 Führe die Methode anhand von M2 und M3 durch.

3 Trage in den Kasten „Teste dich" ein, was du bei der Methode „Die historische Wahrheit aus Sagen ermitteln" gut konntest und was du noch üben musst.

Die römische Expansion

Durch Kriege und auch Bündnisse konnten die Römer ihr Einfluss- bzw. Herrschaftsgebiet enorm erweitern. Als das Römische Reich seine größte Ausdehnung erreichte, erstreckte es sich nahezu über die gesamte damals bekannte Welt. In den einzelnen Gebieten nahmen die Rö-

mer Einfluss auf das Leben der dortigen Bevölkerung, indem sie neben der lateinischen Sprache auch römisches Recht sowie römische Infrastruktur einführten. Welche Gebiete wann romanisiert wurden, kannst du auf dieser Seite erarbeiten.

Das Römische Reich 201 v. Chr.

Das Römische Reich 133 v. Chr.

Das Römische Reich 117 n. Chr.

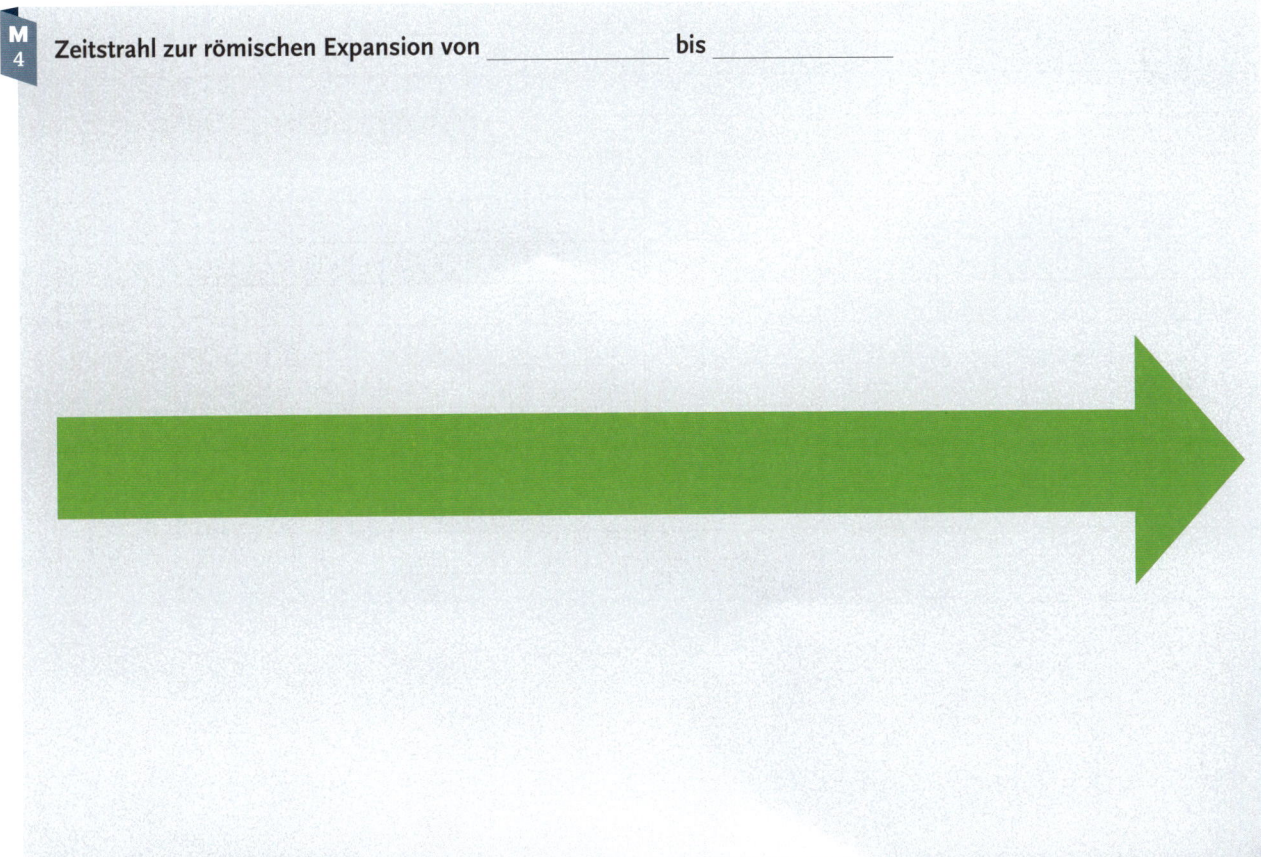

Zeitstrahl zur römischen Expansion von _____ bis _____

1 Betrachte die drei Karten M1–M3. Notiere neben jede der Karten Daten und Stichworte zur römischen Expansion.

2 Erstelle anhand deiner Notizen einen Zeitstrahl zur römischen Expansion: Beachte dazu die in M1 auf Seite 7 beschriebene Vorgehensweise.

Wähle aus:
  a) Erstelle einen Zeitstrahl anhand einer der Karten.
  b) Erstelle einen Zeitstrahl anhand der drei Karten.

Die römische Familie

Die Familie war für die Römer ein Grundpfeiler der Gesellschaft. Zur römischen „familia" gehörten sämtliche Mitglieder des Haushaltes: die Ehefrau, legitime und adoptierte Kinder, Sklaven und Freigelassene. Unser Wissen über die römische Familie beschränkt sich auf-grund der vorliegenden Quellen allerdings fast ausschließlich auf die Oberschicht. Für die römische Unterschicht, für die mit großer Wahrscheinlichkeit andere Aspekte galten, haben wir kaum Belege. Wer waren die Familienmitglieder? Wie lebten sie zusammen?

 Buchstabensalat

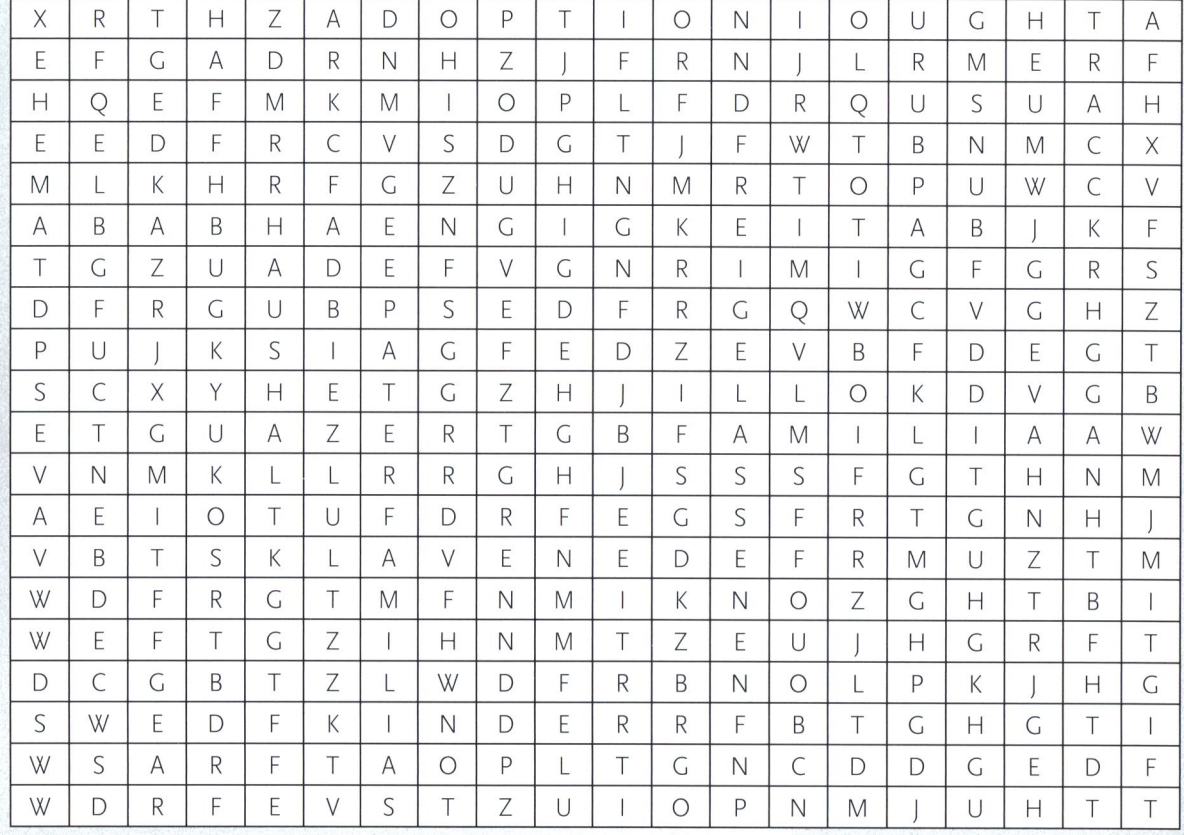

1 Im Gitterrätsel M1 sind elf Begriffe versteckt, die das Thema „Familie im Römischen Reich" behandeln. Finde und markiere diese.

2 Verfasse anschließend einen zusammenhängenden Text zum Thema „Familie im Römischen Reich", in dem du diese Begriffe verwendest. Schreibe den Text in M2 auf.

Kinderleben in Rom

In der römischen Familie war der Vater als „pater familias" die wichtigste Person. Er hatte das Recht, jedes Familienmitglied zu züchtigen, zu verkaufen und sogar zu töten. Im Alltag dürfte dies jedoch kaum eine Rolle gespielt haben. Wichtiger war allerdings, dass der Vater berechtigt war, Hochzeiten zu arrangieren. Für Mädchen geschah dies in der Regel zwischen dem 12. und dem

17. Lebensjahr. Jungs wurden mit 16 Jahren für volljährig erklärt. Welche Spiele die römischen Kinder in ihrer Freizeit spielten, kannst du auf dieser Seite erfahren.

M 1 Astragale

Astragale sind kleine Knöchelchen aus den Sprunggelenken von Schaf oder Ziege, die fast wie Würfel aussehen. Mit ihnen spielte man verschiedene
5 Würfel- und Geschicklichkeitsspiele. Zum Beispiel:
Den vier Seiten der Astragale wird ein unterschiedlicher Wert zugewiesen. Jeder Spieler würfelt mit vier Astraga-
10 len und zählt den Wert zusammen. Zeigt ein Wurf alle vier höchsten Seiten, dann gewinnt der Spieler. Zeigen alle gewürfelten Seiten den niedrigsten Wert, dann hat dieser Spieler automa-
15 tisch verloren.
Verfassertext

M 3 Spielregeln

_____
_____
_____
_____
_____
_____
_____
_____

M 2 Ludus Castellorum – Nüssepyramide

Das „Ludus Castellorum" ist ein Spiel für mindestens zwei Spieler. Jeder hat dabei die gleiche Anzahl an Nüssen zur Verfügung. Drei Nüsse
5 legt jeder Spieler dicht nebeneinander auf die Erde, sodass ein Dreieck entsteht. Dieses Dreieck ist das Ziel, auf welches eine vierte Nuss von oben fallen gelassen wird. Ziel ist es
10 dabei, dass die vierte Nuss auf dem Dreieck liegen bleibt. Gelingt dies, bekommt der Spieler einen Punkt. Gewinner ist, wer die meisten Punkte erhalten hat.
Verfassertext

M 4 Spielregeln

_____
_____
_____
_____
_____
_____
_____
_____

1 Lies dir die Texte M1 und M2 gut durch.
2 Verfasse anschließend in M3 und M4 die Spielregeln in eigenen Worten .

3 Bringt euch selbst Nüsse mit in die Schule und spielt das Nüssespiel nach.

Besuch im antiken Rom

Es muss für einen Fremden beeindruckend gewesen sein, wenn er die ewige Stadt betrat. Allein die Ausmaße, die vielen Häuser, zudem die riesigen und prächtigen Bauten und vielen Menschen müssen ihn überwältigt haben. Menschen unterschiedlichster Herkunft tümmelten sich *auf den Straßen, verschiedenste Gerüche lagen in der Luft. Es war die antike Stadt der Superlative. Auf dieser Seite kannst du Näheres über die prächtigen Bauten Roms erfahren.*

M 1

Bauten aus der Zeit der Republik:
1. Kapitol-Hügel mit Jupiter-Tempel
2. Forum Romanum mit Plätzen und Säulenhallen für Senatssitzungen, in der Kaiserzeit erweitert
3. Tempel der Roma und Venus

Bauten aus der Kaiserzeit:
4. Theater mit 20 000 Plätzen
5. Circus Maximus mit 250 000 Plätzen
6. Palatin-Hügel mit Kaiserpalästen
7. Triumphbogen des Konstantin
8. Wasserleitung des Claudius
9. Kolosseum, Amphitheater mit 50 000 Plätzen
10. Thermen des Trajan, Badeanlage mit 330 x 315 m Seitenlänge

Modell der Stadt Rom im 4. Jahrhundert n. Chr.

M 2

---

1 Betrachte die Abbildung des antiken Rom (M1) genau.

2 Wähle aus:

a) Stell dir vor, du bist ein römischer Fremdenführer. Plane in M2 anhand der Informationen in M1 eine interessante Stadtführung. Wähle für deine Führung einen geeigneten Ausgangspunkt.

b) Erstellt in M2 einen Dialog bzw. ein Rollenspiel zum Thema: „Zu Besuch in Rom". Recherchiert dafür gegebenenfalls in eurem Buch oder im Internet weitere Fakten zu den Sehenswürdigkeiten.

Das Forum Romanum

*Über Jahrhunderte hinweg war das Forum Romanum das
Zentrum der Stadt und somit auch Mittelpunkt der antiken Welt. Es liegt in der Senke zwischen den Hügeln Ka-
pitol, Palatin und Esquilin. Ursprünglich eine Sumpfland-
schaft, durchzogen von einem kleinen Bach und erst im
7. Jahrhundert v. Chr. in die Stadt einbezogen, erlebte
es in der Kaiserzeit seinen Höhepunkt. Auf dieser Seite
kannst du erfahren, welche prächtigen Gebäude sich auf
dem Forum Romanum befanden und welche Bedeutung
sie hatten.*

M1 Gebäude und ihre Funktion

Gebäude	Funktion

1 Welche Gebäude befanden sich auf dem Forum Romanum und welche Funktionen besaßen sie? Recherchiere in deinem Lehrbuch oder im Internet. Beachte
bei einer Recherche im Internet die in M1 auf Seite 12
beschriebene Vorgehensweise.

2 Trage deine Ergebnisse in M1 ein.

Das Kolosseum

„Brot und Spiele" – gib dem Volk Nahrung und Unterhaltung. Auf diese Formel wird die Herrschaftspraxis römischer Kaiser oftmals verkürzt. Auch wenn es natürlich noch weitere bedeutende Pfeiler in der Regierungsweise gab, trifft diese Formel doch einen wichtigen Kern der Politik des Imperium Romanum. Ein zentraler Ort für die „Spiele" war das flavische Amphitheater, welches wir heute unter dem Namen Kolosseum kennen. Dieses imposante Bauwerk lockt auch heute noch viele Besucher wie ein Magnet an. Welche Funktion hatte es in der Antike?

 Infotext zum Kolosseum

In der Mitte des Tals zwischen dem Palatin, dem Caelius und dem Esquilin, wo der künstliche See der Domus Aurea Neros lag, erhebt sich das Kolosseum oder richtiger: das flavische Amphitheater. Als zusätzliche Sicherheit standen
5 zahlreiche Bogenschützen in den Nischen im Podium zu Füßen der Sitzreihen. Von seinen Ausmaßen berichten eindringlich die Zahlen: Der äußere Umgang hat eine Höhe von fast 50 Metern, Die größte Längsachse der Ellipse ist 188, die kleinere 156 Meter lang; verbaut wurden mehr als
10 100 000 Kubikmeter Travertin und 300 Tonnen Eisen [...]. Mit Stehplätzen hatte das Amphitheater eine Fassungskraft von etwa 70 000 Personen, die den Gladiatorenkämpfen und den Tierhetzen sowie kleineren Vorführungen zusahen. Im Innern des Kolosseums befand sich die 76 x 46 m große
15 Arena, deren Boden aus Holzplanken bestand, die mit Sand bestreut waren. Die in drei Ränge eingeteilten Sitzreihen wurden von einer „Logenreihe" bekrönt, die einen vierten Rang mit hölzernen Stufen und Stehplätzen bildete. Vor den [...] Sonnenstrahlen waren die Zuschauer durch ein enormes
20 „velarium" geschützt, das von einer besonders dazu abkommandierten Abteilung von Seesoldaten bewegt wurde [...]. Für die Dauer der Darbietungen wurde an der Arena entlang ein hohes robustes Metallnetz gespannt, das von Pfosten getragen war. Jeder Sektor der Sitzreihen war einer besonderen
25 Gruppe von Bürgern bei freiem Eintritt vorbehalten. Auf deren Spitzen befanden sich Stoßzähne von Elefanten, die als abwehrende Zacken dienten und oben mit Elfenbeinrollen versehen waren, die den Raubtieren das Festhalten unmöglich machten, wenn sie versuchen sollten, das Netz zu
30 überspringen.

Zit. nach: Romolo Augusto Staccioli, Illustrierter Führer durch Rom – einst und jetzt. Mit Rekonstruktionen, Rom (Vision Rom) 1962 S. 9–12, bearb.

M 2 **Welche Informationen erhalten wir über die Zuschauer im Kolosseum?**

_____

_____

Welche Informationen erhalten wir über die Ausmaße des Kolosseums?

_____

_____

Welche Informationen erhalten wir über die Sicherheitsvorkehrungen im Kolosseum?

_____

_____

M3 Fragen stellen

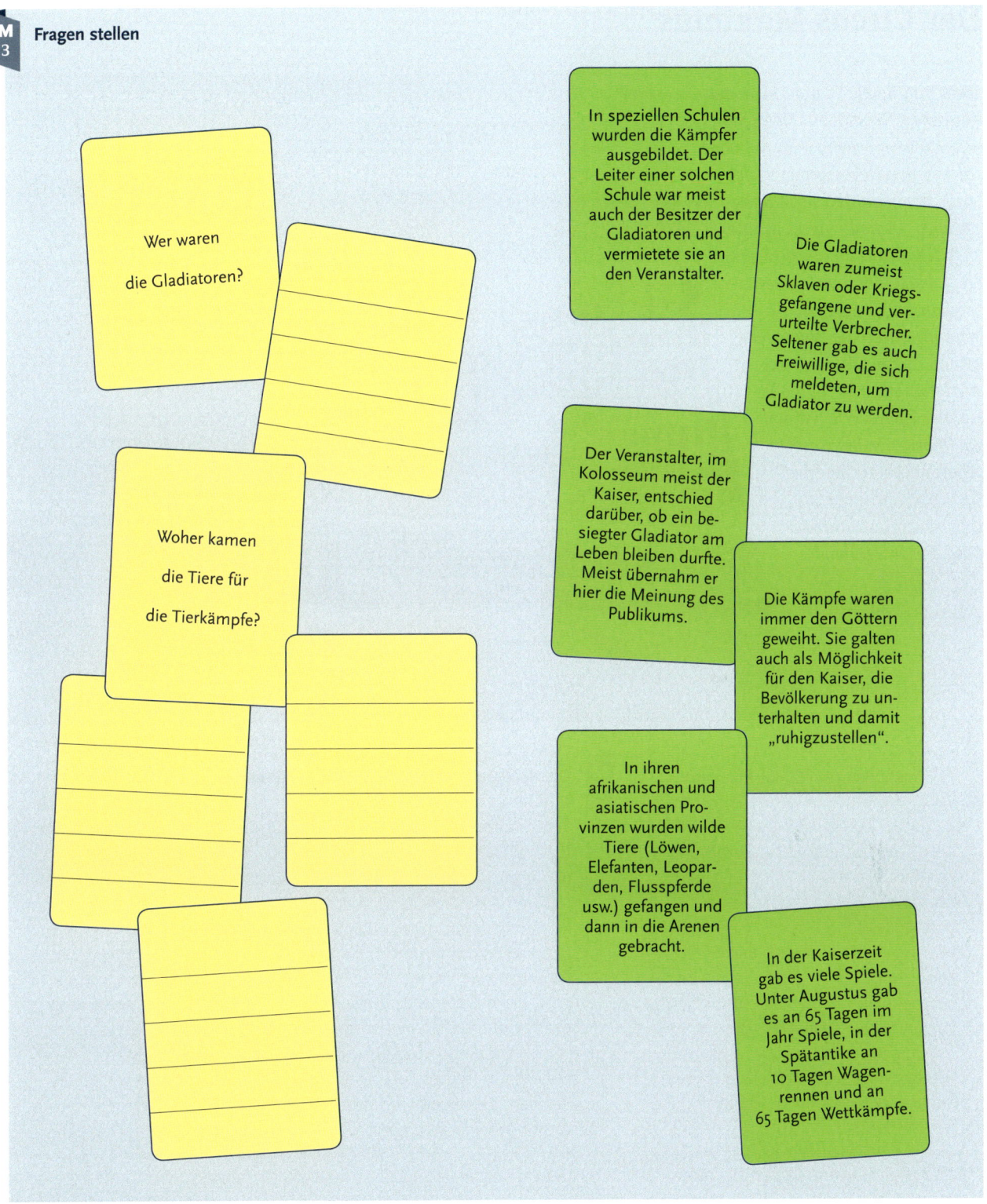

Wer waren
die Gladiatoren?

Woher kamen
die Tiere für
die Tierkämpfe?

In speziellen Schulen wurden die Kämpfer ausgebildet. Der Leiter einer solchen Schule war meist auch der Besitzer der Gladiatoren und vermietete sie an den Veranstalter.

Die Gladiatoren waren zumeist Sklaven oder Kriegsgefangene und verurteilte Verbrecher. Seltener gab es auch Freiwillige, die sich meldeten, um Gladiator zu werden.

Der Veranstalter, im Kolosseum meist der Kaiser, entschied darüber, ob ein besiegter Gladiator am Leben bleiben durfte. Meist übernahm er hier die Meinung des Publikums.

Die Kämpfe waren immer den Göttern geweiht. Sie galten auch als Möglichkeit für den Kaiser, die Bevölkerung zu unterhalten und damit „ruhigzustellen".

In ihren afrikanischen und asiatischen Provinzen wurden wilde Tiere (Löwen, Elefanten, Leoparden, Flusspferde usw.) gefangen und dann in die Arenen gebracht.

In der Kaiserzeit gab es viele Spiele. Unter Augustus gab es an 65 Tagen im Jahr Spiele, in der Spätantike an 10 Tagen Wagenrennen und an 65 Tagen Wettkämpfe.

1 Der Informationstext in M1 ist durcheinandergeraten. Sortiere die einzelnen Passagen thematisch, indem du mit blauer Farbe diejenigen Abschnitte unterstreichst, die Auskunft über die Zuschauer geben, mit roter Farbe die Informationen zu den Ausmaßen und mit grüner Farbe die Inhalte zur Sicherheit im Kolosseum. Trage die Informationen anschließend in M2 ein.

2 In M3 siehst du verschiedene Karten. Auf der rechten Seite befinden sich die Antwortkarten, auf der linken die Fragen. Nur zwei Fragenkarten sind bereits ausgefüllt. Verbinde sie mit der richtigen Antwortkarte. Formuliere für die anderen selbst passende Fragen.

Der Circus Maximus

„Brot und Spiele" wurden von den römischen Kaisern zur Herrschaftssicherung eingesetzt. Nur mit einer zufriedenen Bevölkerung in der Stadt Rom konnten sie in Ruhe regieren. Deshalb veranstalteten viele Kaiser oft tagelange Spektakel. Neben den bekannten Gladiatorenkämpfen im Kolosseum waren die Wagenrennen im Circus Maximus ein Anziehungspunkt für die Bewohner Roms. Wie wurden die Sportler in der Gesellschaft gesehen? Welchen Aufwand betrieben die Herrscher zur Veranstaltung dieser Rennen?

 Informationen zum Circus Maximus

Der Circus Maximus war mit einer Länge von 621 Metern und einer Breite von 118 Metern das größte Bauwerk im antiken Rom. Er hatte die Form eines sehr
5 lang gestreckten Ovals. Zur Zeit von Augustus (63 v.Chr.–14 n.Chr.) konnten über 150 000 Zuschauer – später unter Nero (37–68 n.Chr.) sogar 250 000 Zuschauer – die hier stattfindenden Wa-
10 genrennen verfolgen. Eine Mittelbarriere teilte die Rennstrecke in zwei lange Bahnen. Vor Beginn des Rennens befanden sich die Fahrer mit ihren Gespannen in den geschlossenen Startboxen an der
15 nördlichen Schmalseite des Circus Maximus. Sobald das Startsignal gegeben wurde, öffneten sich die Türen der Boxen und die Gespanne rasten auf die rechte Seite der Mittelbarriere zu, um
20 diese dann mehrmals zu umrunden.
Zit. nach: Christoph R. Hatscher, Rom – Das „Haupt der Welt". Zu Besuch im Rom der Kaiserzeit, in: Praxis Geschichte Heft 5 (2003), Braunschweig: Westermann Verlag S. 32, bearb.

 Die Bedeutung der Wagenrennen in der Antike

Die Formel 1 der Antike startete im Circus Maximus zu Rom, ihr Michael Schumacher hieß Gutta. Der Star-Wagenlenker des 2. Jahrhunderts brachte es auf nicht weniger als 1 127 Siege. Sein Gefährt verfügte über vier Pferdestärken. [...] [D]er Kurs war eine ca. 1 200 Meter lange Rennbahn, die
5 siebenmal im Uhrzeigersinn umrundet werden musste. [...] Zudem kam es auf jene Mischung aus Brutalität und Glück an, die nötig ist, um Karambolagen heil zu überstehen. Stürze waren an der Tagesordnung. Guttas Ferrari hieß Victor, ein Fuchs, der seine jeweiligen Gespanne insgesamt 429-mal zum Sieg führte. In rühmenden Inschriften, wie sie sonst
10 nur Politiker, Dichter und Kriegshelden erhielten, ist die Geschichte des genialen Rosses und seines Lenkers der Nachwelt überliefert.
Die Zahl der Rennställe war auch im antiken Rom überschaubar. In der Kaiserzeit gab es vier [...] sogenannte factiones, die man nach den Farben der Fahrertrikots unterschied: albati, russati, prasini, veneti (die Weißen,
15 die Roten, die Grünen und die Blauen). Gutta fuhr für die Grünen und kassierte Millionengagen. Die Rennbetriebe waren professionell organisiert: etwa 250 Mitarbeiter pro Stall – Fahrer, Manager, Wagenmechaniker, Schuster, Schneider, Tier- und Menschenärzte, Stallburschen, Nachrichtenkuriere, Pferde- und Mentaltrainer – befassten sich gewerbsmäßig mit
20 der Vorbereitung und Durchführung der Rennen. Das Publikum, dem nahezu alle Römer angehörten, teilte sich in Lager von Anhängern, die einander kaum weniger erbittert bekämpften als die Akteure unten auf der Bahn. Vergleichsweise am friedlichsten waren die Pferde.
Zit. nach: Manfred Koch, Brot und Spiele. Über die Religion des Sports, Göttingen (Wallstein Verlag) 2009, S. 7–8.

Plakat bzw. Zeitungsbericht

1 Lies dir die Materialien in M1 und M2 genau durch.

2 Wähle aus:

   a) Stell dir vor, du bist der Veranstalter eines Wagen-rennens im antiken Rom. Gestalte ein Plakat, mit dem du auf dein nächstes Rennen im Circus Maximus auf-merksam machen möchtest.

b) Stell dir vor, du bist Sportreporter im antiken Rom. Verfasse einen erdachten Zeitungsbericht über ein Wagenrennen im Circus Maximus.

Die römische Villa

Wohlhabende Römer lebten in luxuriösen An-
wesen. Diese Villen lagen in bzw. am Rande
der Stadt, z. B. auf den Hügeln Roms oder auf
dem Land. Nach ihren Bestandteilen nennt
man sie auch Atriums- oder Peristylhäuser.
Die Villen hatten teilweise bis zu

50 Räume, waren oftmals beheizt und ver-
fügten über Wasserversorgung, einen
Springbrunnen sowie auch zum Teil Toiletten.
Um 350 n. Chr. soll es in Rom etwa 1 600
Stadtvillen gegeben haben. Auf dieser Seite
kannst du deine eigene Villa konstruieren.

Beschreibung einer römischen Villa

Eine römische Villa bestand zumeist aus zwei rechteckigen
bzw. auch ungefähr quadratischen Teilen, deren Mitte Atrium und Peristyl bildeten. Neben dem Eingang befanden sich
Läden, die vermietet wurden, darüber Cubiculae (Wohn-,
5 Schlaf- und Wirtschaftsräume).
Betrat man nun die Villa kam man zunächst ins Atrium, einen Eingangsraum mit Wasserbecken und Öffnung im
Dach. Links und rechts vom Atrium erstreckten sich wiederum Cubiculae sowie die Alae, zwei kleine Seitenräume oder
10 Seitenflügel. Zudem stand im Atrium auch der Familienaltar.
Gegenüber der Eingangstür, am Ende des Atriums folgte das
Tablinum, ein Empfangsraum, der bei Bedarf durch Vorhän-
ge oder auch Türen geschlossen werden konnte. Daneben
und darüber befanden sich wiederum Cubiculae bzw. war in
15 einigen Häusern neben dem Tablinum links und rechts jeweils ein Triclinium (Speisesaal) zu finden.
Schritt man durch das Tablinum, erreichte man das Peristyl,
einen von Säulenhallen umgebenen Innenhof mit Garten.
Auf der rechten Seite des Peristyls befanden sich das Baline-
20 um (Bad) sowie die Culina (Küche) und abermals Cubiculae.
Am Ende des Hauses lag schließlich das Triclinium, falls
nicht schon neben dem Tablinum gelegen. Dieses bestand
aus drei Speisesofas (Klinen), die hufeisenförmig um den
Tisch (Mensa) angeordnet waren.
Verfassertext

Eine römische Villa

1 Lies den Text M1 und unterstreiche die unterschiedlichen Bestandteile einer römischen Villa jeweils mit
unterschiedlichen Farben.
2 Stell dir vor, du bist römischer Architekt.
Wähle aus:
a) Konstruiere in M2 anhand des Textes M1 den
Grundriss einer Villa und markiere die entsprechenden
Räume mit den entsprechenden Farben.

b) Zeichne in M2 anhand des Textes M1 den Blick in
eine Villa und markiere die Räume mit den entsprechenden Farben.

„Nicht alles, was glänzt, ist Gold!"

Weniger wohlhabende Bewohner Roms lebten zumeist in Mietshäusern, sogenannten insulae (Singular: insula). Im Erdgeschoss befanden sich Läden, in den darüberliegenden bis zu sechs Stockwerken Wohnungen. So konnte man viele Menschen auf wenig Raum unterbringen. Das war nötig, denn die Stadt wuchs rasant schnell. Die Probleme, die sich aus dieser Wohnsituation ergaben, kannst du auf dieser Seite kennen lernen.

 Gespräch in einer römischen Taverne

Rufus: So, dich zieht es aus Pompeji an den Tiber?
Paulus: Ja, ich habe eine Kupferschmiede geerbt und suche eine Mietwohnung.
Rufus: Die schäbigste kostet bereits viel Geld!
5 *Marcus:* Und wie oft brechen Mietshäuser zusammen! Mit dünnen Stützbalken wollen die Hausverwalter Einstürze aufhalten. Tiefe Risse werden lediglich verputzt. Und dann heißt es vom Vermieter: „Es ist repariert! Ihr könnt getrost schlafen gehen!"
10 *Paulus:* Die Häuser sind hier ja auch sehr hoch.
Rufus: Ja, und wie oft hier Ziegel vom Dach fallen. Oder auch zerbrochenes Geschirr „fällt" aus dem Fenster. Man kann glücklich sein, wenn man nur vom Inhalt der Nachttöpfe getroffen wird.
15 *Livius:* Das Schlimmste ist aber die Brandgefahr! Neulich wurde ich von Schreien nach Wasser aus dem Schlaf gerissen. Über meiner Wohnung versuchten sie schon, ihr Hab und Gut zu retten, und im 3. Stock qualmte es bereits. Unter dem Dach schlief noch alles. Zum Glück kam die Feuerwehr
20 diesmal rechtzeitig.
Marcus: Schlafmangel ist aber auch Ursache des nächtlichen Lärms. Caesar hat tagsüber alle Wagen verboten und nachts rasen sie um die Kurven. Auf den Wagen ist die Ware kaum sicher verstaut. Was bleibt wohl von dir übrig, wenn du unter
25 Bauholz oder Marmorblöcken liegst?
Rufus: Den Sänften der Reichen macht die Menge Platz, aber wir Fußgänger erhalten Tritte und Stöße von allen Seiten. Hüte dich zudem vor den Stiefeln der Soldaten, denn ihre Nägel durchbohren dir deine Füße! Zudem spritzt ei-
30 nem auf ungepflasterten Straßen der Schlamm an die Beine.
Livius: Und verlauf dich auch ja nicht in den Gassen, denn sie verlaufen planlos um die Hügel! Auf Straßennamen brauchst du nicht vertrauen!
Marcus: Und sei auch nachts vorsichtig, wenn die Stadt in
35 Dunkelheit versinkt! Nicht alle Wege können von der Wache kontrolliert werden. Wenn du also keine Sklaven hast, die dir den Weg leuchten, erwarten dich Raub, Schlägerei und Mord! Also schließe dich am besten nachts ein!
Marcus: Ja, hier verlor Caesar seine erste Schlacht ...
40 *Livius:* ... Ja! Gegen den Müll, denn der Befehl, ihn zu beseitigen, war erfolglos.
Zit. nach: Geschichte Plus, Sachsen-Anhalt, 5/6, S. 146, Berlin, Volk & Wissen 1998, bearb.

Meine Forderungen an die Beamten der Stadt:

_____

_____

_____

_____

1 Lies den Text M1
2 Versetze dich in die Lage einer der Personen aus der Taverne und verfasse in M2 ein Schreiben an die Beamten der Stadt mit entsprechenden Forderungen zur Verbesserung deiner Lebensumstände.
3 Recherchiere, was die Römer taten, um bessere hygienische Bedingungen zu schaffen.

Sklaverei im Römischen Reich

In der Antike war Sklaverei etwas vollkommen Normales. Viele Menschen konnten nie in Freiheit leben. Sklaven wurden in der Landwirtschaft, in Bergwerken oder im Haushalt eingesetzt. Einige wurden auch zu Gladiatoren ausgebildet. In Abhängigkeit von ihrem Einsatzort variierten die Lebensbedingungen der Sklaven. Die vielen Aufstände gegen die Unfreiheit zeigen, dass es Widerstand gegen die Sklaverei gab. Wie wurden Sklaven behandelt? Welche Ziele hatten die Aufständischen?

M1 Sklaven im Bergbau

Als die Römer später über Spanien herrschten, betrieben viele Leute aus Italien Bergwerke; sie strebten nach Gewinn und erwirtschafteten damit großen Reichtum. Sie kauften auch sehr viele Sklaven und übergaben sie besonderen Auf-
5 sehern, die sie für Bergwerksarbeiten einsetzten. [...] Bergbausklaven bringen ihren Besitzern unglaubliche Einnahmen; die Sklaven selber hingegen müssen bei Tag und Nacht unter der Erde graben, gehen körperlich zugrunde. Viele sterben wegen der übermäßigen Anstrengungen, denn
10 es gibt für die Sklaven keine Erholung oder Pausen während der Arbeitszeit. Mit Schlägen werden sie von Aufsehern gezwungen, die furchtbaren Leiden zu ertragen, bis sie elend ihr Leben beenden. Nur Wenige, die Körperkraft besitzen und seelisch widerstandsfähig sind, halten durch, verlängern
15 aber damit nur ihre Qual. Denn erstrebenswerter als das Leben wäre für sie wegen ihres großen Elends der Tod.
Diodor, Weltgeschichte 5, 36, 3–4; 38, 1. Übers. und sprachlich vereinf. vom Verfasser.

M2 Arbeiten und Essen

In einem Buch mit Hinweisen für die Landwirtschaft schrieb Marcus Porcius Cato (234–149 v. Chr.) über die Menge an Lebensmitteln, die Sklaven, die auf dem Lande arbeiteten, erhalten sollten:
Diejenigen Sklaven, die arbeiten, erhalten als Essen: im Winter 4 Scheffel (ca. 35 l) Weizen, im Sommer 4,5; der Verwalter, seine Frau, der Aufseher und Schafhirten: 3 Scheffel. Die Fußgefesselten erhalten im Winter: 4 Pfund (ca. 1,3 kg)
5 Brot, sobald sie anfangen, die Weingärten umzugraben: 5 Pfund Brot. Sobald die Oliven aufgegessen sind, gib ihnen eingelegte Fische und Essig. Öl gib monatlich 0,5 l, Salz 1 Scheffel pro Jahr. Kleidung für die Sklaven: ein Hemdrock, Umhänge (gegen Regen usw.). Alle zwei Jahre soll man
10 ihnen gute Holzschuhe geben.
Marcus Porcius Cato, Über die Landwirtschaft 56–59. Übers. und sprachlich vereinf. vom Verfasser.

M3 Sklaven – immer Feinde?

Der römische Philosoph Seneca (ca. 4 v. Chr.–65 n. Chr.) schrieb an seinen Freund Lucilius den folgenden Brief:
Selbst das leiseste Gemurmel wird mit dem Rohrstock unterdrückt. Und selbst ganz unverhoffte Anfälle wie Husten, Niesen, Schluchzen bilden dabei keine Ausnahme. Jeder, der das Stillschweigen auch nur durch ein Wort unterbricht,
5 muss schwer büßen. Ganze Nächte stehen die Sklaven nüchtern und stumm. Kein Wunder also, wenn sie über ihren Herrn reden, denn vor ihm dürfen sie nicht reden. Dagegen gab es auch jene früheren Sklaven, die nicht nur in Gegenwart ihrer Herren, sondern auch mit ihnen selbst
10 reden durften [...]; sie waren auch dazu da, dass sie sich für ihre Herren einsetzten und drohende Gefahren von ihren Herren auf sich ablenkten. [...] Häufig berief man sich zugunsten des nämlichen Hochmutes vielfach auf das Sprichwort: „So viele Sklaven, so viele Feinde." Sie sind nicht un-
15 sere Feinde, wir machen sie dazu. [...] Führe dir doch vor Augen, dass der, den du deinen Sklaven nennst, aus dem gleichen Samen entsprossen ist, dass er unter demselben Himmel lebt, die gleiche Luft atmet und dass er wie du lebt und stirbt. Du kannst ihn ebenso gut als Freien sehen, wie er
20 dich als Sklaven sehen kann.
Seneca, Briefe an Lucilius, 47. Übers. und sprachlich vereinf. vom Verfasser.

M 4 Umgang mit Sklaven

_____
_____
_____
_____
_____
_____
_____

M 5 Widerstand gegen Sklaverei in Rom
Der Historiker Keith R. Bradley über Widerstand von Sklaven

Die offensichtlichste Form des Widerstands gegen Sklaverei [...] waren die Sklavenaufstände, von denen der Spartakus-aufstand von 73 v. Chr. nur der berühmteste – oder berüch-tigtste – ist. [...] Die Ziele des Spartakus liegen weitgehend
5 im Dunkeln. Die Befreiung aus der brutalen Unterdrückung seiner Herren in der Gladiatorenschule war das vorrangige Ziel Spartakus' und es ist nur wahrscheinlich, dass seine langfristigen Ziele auf den Erhalt der neugewonnenen Frei-heit für so viele seiner Anhänger wie möglich beschränkt wa-
10 ren. [...] Eine einheitliche Zielsetzung und Strategie hat das Rebellenheer wohl nie besessen.

Zit. nach: Keith R. Bradley, Widerstand gegen Sklaverei in Rom, in: Elisabeth Herrmann-Otto (Hg.): Antike Sklaverei (= Neue Wege der Forschung), Darmstadt (Wissenschaftliche Buchgesellschaft) 2013, S. 132–133.

M 6 Eigenes Urteil

_____
_____
_____
_____
_____
_____
_____

1 Lies dir die Materialien M1–M3 gut durch. Beschreibe in M4 den Umgang mit Sklaven im Römischen Reich.

2 Lies die Bewertung des Historikers in M5. Verfasse in M6 ein eigenes Urteil über Sklaverei und Widerstand gegen Sklaverei in Rom. Diskutiere es in der Klasse.

Roms Heer

Roms Machtbasis war das Heer. Es war unterteilt in Legionen. Eine Legion bestand aus schwerer Infanterie (ca. 3000 bis 6000 Mann) und einer zahlenmäßig kleineren Legionsreiterei. Einer Legion unterstanden zudem Auxiliartruppen (Hilfstruppen, ca. 5000 Mann). Das waren Nichtrömer, die von Bundesgenossen gestellt bzw. später auch rekrutiert wurden. Der Beruf des Legionärs war durchaus mit Vorteilen verbunden. Es gab einen festen Sold, Aufstiegschancen und nach Ende der 20-jährigen Berufszeit eine Abfindung (Land oder Geld). Allerdings musste man das römische Bürgerrecht besitzen und durfte nicht verheiratet sein. Wie das Leben eines Legionärs aussah, kannst du auf dieser Seite in Erfahrung bringen.

M 1

Ausschnitte aus dem Leben eines Legionärs

M 2   **Aufgaben eines Legionärs**

_____

_____

_____

M3 **Brief an meine Familie**

_____

_____

_____

_____

_____

_____

_____

_____

_____

_____

_____

_____

_____

_____

_____

_____

_____

_____

_____

_____

1 Betrachte die Bilder (M1) und formuliere in M2 Stichworte zu den Bildern.

2 Stell dir vor, du bist ein römischer Legionär. Verfasse anhand der Bilder einen Brief an deine Familie in der Heimat, in dem du dein Leben als Legionär schilderst.

Die Punischen Kriege

Die drei sogenannten Punischen Kriege zwischen Rom und Karthago im 3. und 2. Jahrhundert v. Chr. zeigen uns, dass das Imperium Romanum nicht bereit war, eine annähernd gleichstarke Macht im Mittelmeerraum neben sich zu akzeptieren. Mit allen drei Kriegen wurden Bestrebungen des Senats deutlich, den römischen Machtbereich weiter auszudehnen und so die Vorherrschaft über das Mittelmeer zu ergreifen. Dass am Ende dieser Auseinandersetzung die Zerstörung des mächtigen Karthagos stand, war nicht von Beginn an Ziel und Absicht der Römer. Wie konnte es dazu kommen?

 Der römische Geschichtsschreiber Plutarch berichtet über die Debatte im römischen Senat zur Frage der Zerstörung Karthagos

Als letzte politische Tat [Catos] betrachtet man die Zerstörung Karthagos, [...] und zwar aus folgendem Grunde: Cato war zu den Karthagern [...] geschickt worden, um die Ursachen ihres Zwistes [mit den Numidiern, M.S.] zu unterrichten. [...] Als er nun die Stadt nicht, wie die Römer glaubten, gedrückt und gedemütigt vorfand, sondern reich an kräftiger, junger
5 Mannschaft, strotzend vor Reichtum, voll von mancherlei Waffen und Kriegsmaterial und darum nicht niedrig gesonnen, so meinte er, es sei [...] an der Zeit, [...] zu verhüten, dass sie, wenn sie eine ihnen von alters feindliche, hasserfüllte, nun auf wunderbare Weise neu erstarkte Stadt nicht gänzlich unterwürfen, wieder in dieselbe Gefahr kämen. Er kehrte also eilends nach Rom zurück und trug dem Senat vor, die früheren Niederlagen und Unfälle der
10 Karthager hätten nicht so sehr ihre Macht als ihren Unverstand vermindert und sie augenscheinlich nicht schwächer, sondern kriegserfahrener gemacht, und nun seien die Kämpfe mit den Numidiern bereits eine Vorübung für die mit den Römern, und Friede und Vertrag sei nur ein Deckname für Aufschub des Krieges, der auf seine Stunde harre. [...] Ein noch stärkeres Druckmittel war, dass er bei jeglicher Sache, über die er seine Meinung abzugeben
15 hatte, den Satz hinzufügte: „Ferner stimme ich dafür, dass Karthago nicht bestehen bleiben darf [...]." [...] Cato [...] schien gerade dies gefährlich, dem ungezügelten, wegen seiner Machtvollkommenheit meist zu Fehltritten geneigten Volke eine jederzeit große, jetzt durch ihr Unglück ernüchterte und verständig gewordene Stadt über dem Haupte schweben zu lassen, und nicht die dem Reiche von außen drohenden Gefahren ganz und gar zu beseiti-
20 gen, um sich so Muße zu schaffen für die Bekämpfung der Übel im eigenen Hause. [...]
Plutarch, übersetzt von Konrat Ziegler. Zit. nach: Geschichte in Quellen: Altertum, bearb. von Walter Arend. München: Bayerischer Schulbuch Verlag, 4. Aufl. 1989, S. 453 – 454.

 Der römische Geschichtsschreiber Diodor berichtet über die Debatte im römischen Senat zur Frage der Zerstörung Karthagos

Nach dem hannibalischen Kriege schloss M. Cato [...] bei jeder Gelegenheit im Senat seine persönliche Meinungsäußerung mit dem Satze, Karthago müsse aufhören zu existieren; und das tat er oftmals, auch wenn der Senat nicht über diese Frage beriet [...]. Scipio Nasica aber vertrat immer den entgegengesetzten Standpunkt, Karthago müssen unbedingt beste-
5 hen bleiben. Beide Erklärungen schienen dem Senat sehr der Überlegung wert; die Klügsten aber meinten, die Nasicas verdiene bei weitem den Vorzug. Sie sagten sich, man müsse Roms Stärke nicht aus der Schwäche anderer ersehen, sondern aus der Überlegenheit über die Großen. Außerdem zwang, solange Karthago noch bestand, die Furcht vor dieser Stadt die Römer zur Eintracht und zu einer milden und dem allgemeinen Empfinden entspre-
10 chenden Behandlung der Untertanen, was das schönste Mittel ist, die Vorherrschaft zu erhalten und zu sichern. Wurde aber die große Nebenbuhlerin vernichtet, so war vorauszusehen, dass im Innern Bürgerkriege und vonseiten der Bundesgenossen Hass gegen die Vormacht aufkommen würde [...].
Diodor, übersetzt von Max Pohlenz. Zit. nach: Geschichte in Quellen: Altertum, bearb. von Walter Arend. München: Bayerischer Schulbuch Verlag, 4. Aufl. 1989, S. 453–454.

M3 Argumente für ■ und gegen ■ die Zerstörung Karthagos

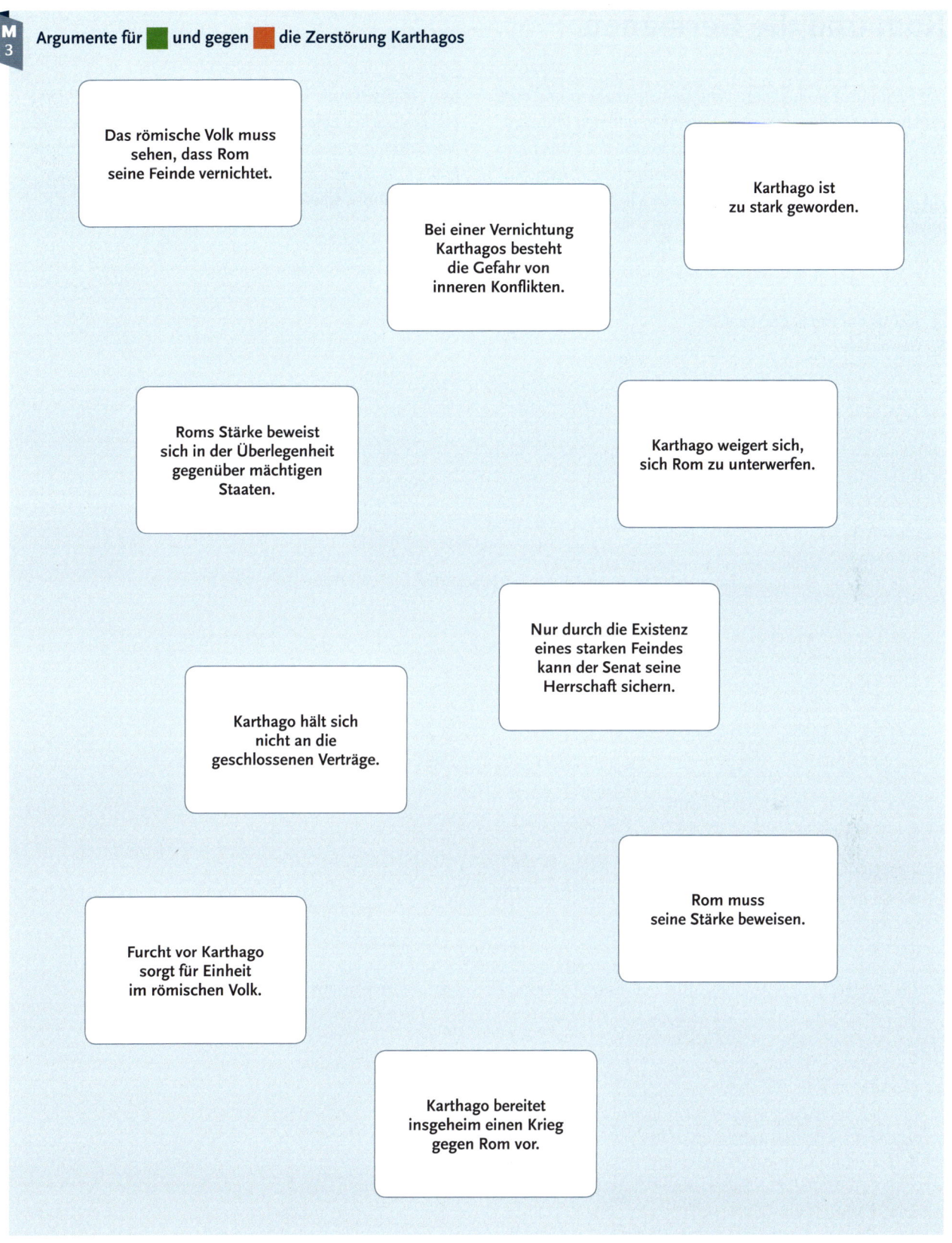

Das römische Volk muss sehen, dass Rom seine Feinde vernichtet.

Karthago ist zu stark geworden.

Bei einer Vernichtung Karthagos besteht die Gefahr von inneren Konflikten.

Roms Stärke beweist sich in der Überlegenheit gegenüber mächtigen Staaten.

Karthago weigert sich, sich Rom zu unterwerfen.

Nur durch die Existenz eines starken Feindes kann der Senat seine Herrschaft sichern.

Karthago hält sich nicht an die geschlossenen Verträge.

Rom muss seine Stärke beweisen.

Furcht vor Karthago sorgt für Einheit im römischen Volk.

Karthago bereitet insgeheim einen Krieg gegen Rom vor.

1 Lies dir die beiden Quellen in M1 und M2 gut durch. Fasse die Argumente, die darin enthalten sind, daneben in Stichworten zusammen.

2 Ordne die Argumente für und gegen die Zerstörung Karthagos in M3. Male dafür die Kästen mit den folgenden Farben aus: grün = Pro-Argument; rot = Kontra-Argument.

Rom und die Germanen

Die Weltmacht Rom konnte viele Gebiete erobern und dort Provinzen gründen. In diesen Provinzen nahmen im Laufe der Zeit viele Einheimische die Lebensweise der Römer an. Diesen Vorgang nennt man Romanisierung. Dort jedoch, wo das Reich endete und Rom seine Macht nicht weiter ausdehnen konnte, da die Nachbarvölker sich widersetz- *ten, errichteten die Römer Grenzwälle, sogenannte Limites. Ein solcher Limes schützte sie auch im Norden bzw. Nordosten gegen die Germanenstämme. Auf dieser Seite kannst du etwas über die Beziehung zwischen Römern und Germanen sowie über den Limes erfahren.*

Tacitus um 100 n. Chr. über die Germanen

Es sind große Gestalten mit wilden blauen Augen und rötlichem Haar. Sie taugen nur zum Angriff. Für Anstrengungen fehlt ihnen die Ausdauer. Aber sie sind gegen
5 Kälte und Hunger durch das Klima abgehärtet. [...] Getreide wächst, Obst dagegen nicht. Es gibt viel Vieh. Die Herden sind ihr liebster Besitz. Gold und Silber enthielten die Götter ihnen aus Gnade
10 oder Zorn vor. Der Besitz dieser Metalle reizt sie nicht besonders. Selbst die Könige haben keine unbeschränkte Gewalt. Heerführer erreichen mehr durch Beispiel als Befehle. Über wichtige Angelegenhei-
15 ten entscheidet das Volk: Man versammelt sich bewaffnet. Missfällt ein Vorschlag, weist man ihn durch Murren ab. Findet er jedoch Beifall, schlägt man die Speere aneinander. Wenn [die Germanen]
20 keinen Krieg führen, verbringen sie ihre Zeit mit Jagen, Nichtstun, Essen und Schlafen.
Die Sorge für Haus und Hof überlassen sie den Frauen und Alten. [...] Sie wohnen
25 nicht in Städten, sondern jeder für sich, wo es ihm gefällt. Auch in Dörfern umgibt jeder Haus und Hof mit freiem Raum. [Zum Bauen] verwenden sie unbehauenes Holz, ohne auf ein freundliches
30 Aussehen zu achten. Als Kleidung [für Männer und Frauen] dient ein Umhang. Den hält eine Spange zusammen. Frauen tragen öfters Leinenumhänge, die mit Purpurstreifen verziert sind. Man trägt
35 auch Tierfelle. [Ihr] Getränk ist ein Saft aus Getreide. Durch Gärung wirkt er wie Wein. Das Essen ist einfach: wildes Obst, frisches Wildbret und geronnene Milch.
Zit. nach: Tacitus: Germania, herausgegeben und übersetzt von Manfred Fuhrmann, Stuttgart: Verlag Philipp Redam 1971, 4 f., 7, 11, 15 ff., 23. bearb.

M2

**Als die Römer frech geworden,
Gedicht um 1847, später vertont**

Als die Römer frech geworden,
zogen sie nach Deutschlands Norden,
vorne beim Trompetenschall,
ritt der Generalfeldmarschall,
5 Herr Quinctilius Varus.
Doch im Teutoburger Walde,
hu!, wie pfiff der Wind so kalte,
Raben flogen durch die Luft,
und es war ein Moderduft,
10 wie von Blut und Leichen.
Plötzlich aus des Waldes Duster[1],
brachen kampfstark die Cherusker,
mit Gott, für Fürst und Vaterland
stürmten sie von Wut entbrannt,
15 gegen die Legionen.

Weh, das ward ein großes Morden,
sie erschlugen die Kohorten,
nur die röm'sche Reiterei,
rettete sich noch ins Frei',
20 denn sie war zu Pferde. [...]
Als die Waldschlacht war zu Ende,
rieb Fürst Hermann[2] sich die Hände,
und um seinen Sieg zu weih'n,
lud er die Cherusker ein,
25 zu 'nem großen Frühstück. [...]
Nur in Rom war man nicht heiter,
sondern kaufte Trauerkleider;
grade als beim Mittagsmahl,
Augustus saß im Kaisersaal,
30 kam die Trauerbotschaft.
Erst blieb ihm vor jähem Schrecken,
ein Stück Pfau im Halse stecken,

dann geriet er außer sich
und schrie: „Varus, Fluch auf dich,
35 redde legiones!"[3]

[1] Germanenstamm
[2] Arminius, Anführer der Cherusker
[3] Kaiser Augustus soll gerufen haben:
„Quintili Vare, legiones redde!"
„Quinctilius Varus, gib die Legionen zurück!"

Zit. nach: http://www.volksliederarchiv. de/text609.html, Stand: 11.02.2014, bearb.

1 Germanenstamm
2 Arminius, Anführer der Cherusker
3 Kaiser Augustus soll gerufen haben: „Quintili Vare, legiones redde!" „Quinctilius Varus, gib die Legionen zurück!"

M3

Rekonstruktionszeichnung des Limes

1 Lies den Bericht des Tacitus über die Germanen (M1) und unterstreiche alle Aussagen zu ihrem Aussehen. Zeichne einen Germanen anhand der Beschreibung.
2 Lies das Gedicht M2 und unterstreiche alle Orts- und Personenangaben. Recherchiere anhand dieser Angaben im Internet das dargestellte Ereignis und mache dir dazu Notizen. Überlege, wer im Gedicht gut dargestellt wird und warum.

3 Betrachte die Karte M3 „Das Römische Reich 117 n. Chr." auf Seite 55. Begründe die geographische Lage des Limes.
4 Beschreibe die Abbildung M3 und begründe, warum der Limes mit relativ wenigen Soldaten abgesichert werden konnte.

Das Christentum

Das Christentum ist heute in der Welt eine der dominierenden Religionen. Viele Menschen glauben an den einen Gott, Jesus Christus. Doch das war nicht immer so. Als das Christentum begann, sich zu entwickeln, war es nur eine von vielen Religionen. Die römischen Kaiser, allen voran Nero, verfolgten Christen sogar. Das Jahr 312 n. Chr. stellte einen Wendepunkt in der Geschichte des Christentums dar. In der Schlacht an der Milvischen Brücke konnte Konstantin seinen Widersacher Maxentius besiegen. Zwei antike Autoren berichten über diese Schlacht, doch sind die Inhalte dieser Berichte in der Forschung umstritten. Was war geschehen?

M 1

Was zeichnet einen guten Römer aus?

Eine Orientierung für gutes Handeln fanden die Römer in althergebrachten Verhaltensweisen und Tugenden, genannt *mos maiorum*, Sitte der Vorfahren. Dazu zählten beispielsweise:

• *fides*, das heißt Vertrauen, Zutrauen, Treue, Aufrichtigkeit,
5   Ehrlichkeit,

• *pietas*, das heißt Redlichkeit, Frömmigkeit, Pflichtgefühl gegenüber Göttern und Menschen,

• *virtus*, das heißt Tapferkeit, Entschlossenheit, Mannhaftigkeit, Kraft, Stärke, Mut.

10 Diesen Werten versuchte man gerecht zu werden, um ein würdiger Vertreter der Familie zu sein. Auch das Selbstverständnis der Römer, anderen Völkern überlegen zu sein, gründete auf diesen Werten.

Verfassertext

M 2

Handlungsanweisungen für die christliche Bevölkerung in Rom

a) Der Apostel Paulus gibt in einem Brief Anweisungen an die Christen in Rom

1. Jeder leiste den Trägern der staatlichen Gewalt den schuldigen Gehorsam. Denn es gibt keine staatliche Gewalt, die nicht von Gott stammt; jede ist von Gott eingesetzt.

2. Wer sich daher der staatlichen Gewalt widersetzt, stellt
5   sich gegen die Ordnung Gottes, und wer sich ihm entgegenstellt, wird dem Gerichte verfallen. [...]

4. Sie steht im Dienste Gottes und verlangt, dass du das Gute tust. Wenn du aber Böses tust, fürchte dich! Denn nicht ohne Grund trägt sie das Schwert. Sie steht im
10   Dienste Gottes und vollstreckt das Urteil an dem, der Böses tut.

5. Deshalb ist es notwendig, Gehorsam zu leisten, nicht allein aus Furcht vor der Strafe, sondern vor allem um des Gewissens willen.

15 6. Das ist auch der Grund, weshalb ihr Steuern zahlt; denn in Gottes Auftrag handeln jene, die Steuern einzuziehen haben.

b) Der christliche Schriftsteller Tertullian (ca. 160–220 n. Chr.) behandelt den Vorwurf, dass die Christen den Kaiser nicht anbeten und nicht für ihn opfern.

Wir verehren also auch den Kaiser, und zwar auf solche Weise, wie es uns erlaubt ist und ihm selbst nützt, nämlich als einen Menschen, der nach Gott den zweiten Rang einnimmt und dem das, was er ist, von Gott verliehen worden ist, und
5 der gleichwohl geringer ist als der eine Gott. Dies wird er auch selbst wollen. So ist er nämlich größer als alle, da er ja nur geringer ist als der eine Gott.

c) Ein namentlich nicht bekannter Christ berichtet über das Zusammenleben der Römer und Christen Ende des 2. Jahrhunderts n. Chr.

Denn die Christen sind weder durch Heimat noch durch Sprache und Sitten von den übrigen Menschen verschieden. Sie bewohnen nirgendwo eigene Städte, bedienen sich keiner abweichenden Sprache und führen auch kein absonderli-
5 ches Leben [...] und fügen sich der Landessitte in Kleidung, Nahrung und in der sonstigen Lebensart [...]. Sie gehorchen den bestehenden Gesetzen und überbieten in ihrem Lebenswandel die Gesetze. [...] Sie tun Gutes und werden wie Übeltäter gestraft; mit dem Tode bestraft, freuen sie sich, als wür-
10 den sie zum Leben erweckt [...], aber einen Grund für ihre Feindschaft vermögen die Hasser nicht anzugeben.

Zit. nach: Thomas Mayer, Kann ein Christ ein „guter Römer" sein?, in: Geschichte lernen 145: Römisches Kaiserreich. Seelze: Friedrich Verlag 2012, S. 29 ff., bearb.

M 3

Kann ein Christ ein „guter Römer" sein?

M 4 Tabu „Christentum in Rom"

(Blanko-Karten mit je fünf Linien zum Beschriften, 3 × 2 angeordnet)

Bericht des Laktanz (um 317 n. Chr.) über die Schlacht an der Milvischen Brücke

Maxentius hielt sich innerhalb Roms auf, denn ein Götterspruch verkündete ihm den Untergang, wenn er den Fuß vor die Tore der Stadt setzen würde. Doch er ließ den Krieg durch tüchtige Feldherren führen. An Streitkräften war Ma-
5 xentius überlegen [...]. In der ersten Schlacht behielt das Heer des Maxentius die Oberhand. Da fasste Constantinus neuen Mut, und, zu Sieg oder Tod entschlossen, rückte er mit der ganzen Macht gegen die Stadt heran und lagerte sich gegenüber der Milvischen Brücke. Es stand der Tag be-
10 vor, an dem Maxentius die Herrschaft angetreten hatte; es

war dies der 27. Oktober [...]. Constantinus ward im Traume ermahnt, das himmlische Zeichen Gottes auf den Schilden anbringen zu lassen und so die Schlacht zu beginnen. Er kommt dem Befehle nach, und indem er den Buchstaben X
15 waagerecht legte und die oberste Spitze umbog, zeichnete er Chr[istus] auf die Schilde. Mit diesem Zeichen gewappnet, greift das Heer zum Schwert. [...]

Lactantius, Von den Todesarten der Verfolger 44. Zit. nach: A. Hartl, BKV, Bd. 36; zit. nach: Geschichte in Quellen – Altertum, bearb. von Walter Arend. München: Bayerischer Schulbuch Verlag, 4. Aufl. 1989, S. 738

Bericht des Eusebios (um 330 n. Chr.) über die Schlacht an der Milvischen Brücke

Während der Kaiser aber so betete und eifrig darum flehte, erschien ihm ein ganz unglaubliches Gotteszeichen, das man wohl nicht leichtgläubig hinnehmen würde, wenn ein anderer davon berichtete; da es aber der siegreiche Kaiser
5 selbst uns [...] erzählt und sein Wort mit Eidschwüren bekräftigt hat, wer sollte da noch Bedenken tragen [...]? Um die Stunde der Mittagszeit, da sich der Tag schon neigte, habe er [...] mit eigenen Augen oben am Himmel über der Sonne das Siegeszeichen des Kreuzes aus Licht gebildet und dabei
10 die Worte gesehen: „Durch dieses siege!" Staunen aber habe bei diesem Gesichte ihn und das ganze Heer ergriffen [...]. Da sei er nun in Verlegenheit gewesen, was doch diese Erscheinung bedeute. Während er aber dies erwogen und noch lange darüber nachgedacht habe, habe ihn die Nacht über-
15 rascht. Da habe sich ihm nun im Schlafe der Christus Gott mit dem am Himmel erschienenen Zeichen gezeigt und ihm

aufgetragen, das [...] Zeichen nachzubilden und es bei seinen Kämpfen mit den Feinden als Schutzpanier zu gebrauchen. [...] Es war aber dies Zeichen auf folgende Art verfer-
20 tigt: ein langer goldüberzogener Lanzenschaft trug eine Querstange und hatte somit die Gestalt des Kreuzes; am oberen Ende des Ganzen war ein kunstvoll geflochtener Kranz aus Gold- und Edelsteinen befestigt, in dem das Zeichen für den Namen des Erlösers angebracht war, zwei
25 Buchstaben, die als Anfangsbuchstaben den Namen Christi bezeichneten, indem das P in der Mitte durch das X gekreuzt wurde [...]. Dieses Heil bringende Zeichen gebrauchte nun der Kaiser stets als Schutzmittel gegen jede Macht, die sich ihm feindlich entgegenstellte, und er befahl, dass das
30 Abbild desselben allen seinen Heeren vorangetragen werde.

Eusebios, Leben des Constantinus 1,27 ff. Zit. nach: A. Bigelmair, BKV, Bd. 9; zit. nach: Geschichte in Quellen – Altertum, bearb. von Walter Arend. München: Bayerischer Schulbuch Verlag, 4. Aufl. 1989, S. 739f.

Glaubwürdigkeit der Berichte

_____

_____

_____

_____

1 Gehe mithilfe der Materialien M1 und M2 der Frage nach, ob Christen „gute Römer" sein konnten. Schreibe in M3 ein eigenes Urteil in 2 bis 3 Sätzen.
2 Erstelle in M4 sechs Tabu-Karten zum Thema „Christentum in Rom" und schneide sie aus. Spielt dann in eurer Klasse das Spiel, z. B. Jungs gegen Mädchen.

3 Lies die Texte M5 und M6 und markiere die Aussagen, die sich in beiden Texten unterscheiden.
4 Beurteile die Glaubwürdigkeit der Berichte in M7. Stelle dazu die Unterschiede in den Berichten gegenüber und begründe deine Meinung.

Am Ende des 5. Jahrhunderts ging ein Weltreich unter, dessen Größe und Macht alles bis dahin Bekannte weit übertraf – das Imperium Romanum. Seit seiner sagenhaften Entstehung nahm es kontinuierlich Einfluss auf die bis dahin bekannte Welt und eroberte sie nahezu bis an ihre Grenzen. Viele Ereignisse der über tausendjährigen antiken römischen Geschichte bewegen die Menschen bis heute und versetzen sie in Erstaunen. Auf dieser Seite kannst du nun abschließend dein Wissen zum Römischen Reich überprüfen und anwenden.

M 1 Inhalte zum Thema „Rom"

M 2 Lexikoneintrag zum Thema „Rom"

M3 Wer wird Millionär?

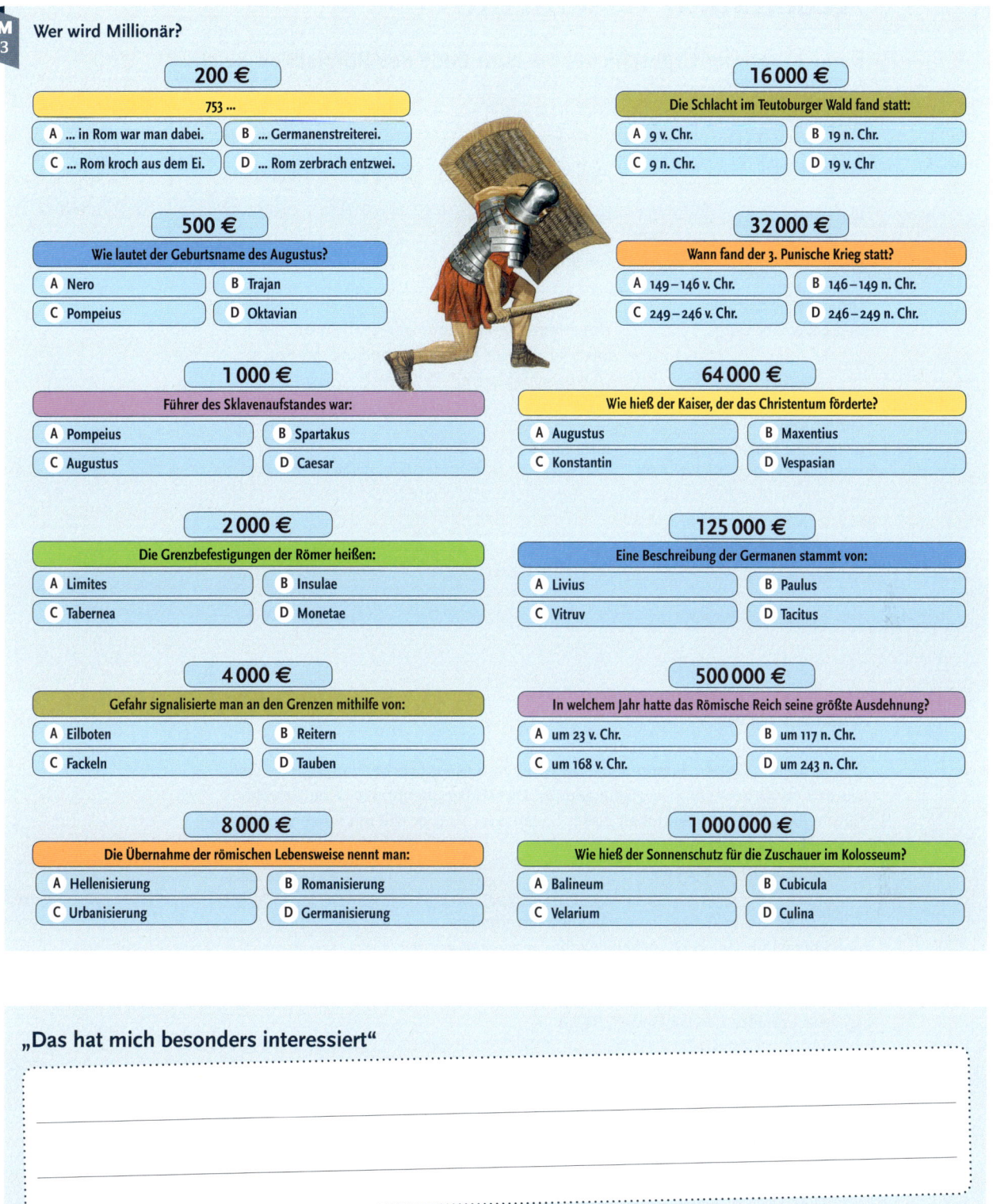

200 €

753 ...

| A ... in Rom war man dabei. | B ... Germanenstreiterei. |
| C ... Rom kroch aus dem Ei. | D ... Rom zerbrach entzwei. |

500 €

Wie lautet der Geburtsname des Augustus?

| A Nero | B Trajan |
| C Pompeius | D Oktavian |

1000 €

Führer des Sklavenaufstandes war:

| A Pompeius | B Spartakus |
| C Augustus | D Caesar |

2000 €

Die Grenzbefestigungen der Römer heißen:

| A Limites | B Insulae |
| C Tabernea | D Monetae |

4000 €

Gefahr signalisierte man an den Grenzen mithilfe von:

| A Eilboten | B Reitern |
| C Fackeln | D Tauben |

8000 €

Die Übernahme der römischen Lebensweise nennt man:

| A Hellenisierung | B Romanisierung |
| C Urbanisierung | D Germanisierung |

16000 €

Die Schlacht im Teutoburger Wald fand statt:

| A 9 v. Chr. | B 19 n. Chr. |
| C 9 n. Chr. | D 19 v. Chr |

32000 €

Wann fand der 3. Punische Krieg statt?

| A 149–146 v. Chr. | B 146–149 n. Chr. |
| C 249–246 v. Chr. | D 246–249 n. Chr. |

64000 €

Wie hieß der Kaiser, der das Christentum förderte?

| A Augustus | B Maxentius |
| C Konstantin | D Vespasian |

125000 €

Eine Beschreibung der Germanen stammt von:

| A Livius | B Paulus |
| C Vitruv | D Tacitus |

500000 €

In welchem Jahr hatte das Römische Reich seine größte Ausdehnung?

| A um 23 v. Chr. | B um 117 n. Chr. |
| C um 168 v. Chr. | D um 243 n. Chr. |

1000000 €

Wie hieß der Sonnenschutz für die Zuschauer im Kolosseum?

| A Balineum | B Cubicula |
| C Velarium | D Culina |

„Das hat mich besonders interessiert"

1 Als Fachmann für römische Geschichte erhältst du den Auftrag, einen Lexikonartikel zum Thema „Rom" zu verfassen. Überlege dir, welche Inhalte in solch einen Artikel gehören. Trage diese in M1 ein. Verfasse anhand deiner ausgewählten Inhalte in M2 deinen Lexikonartikel.

2 Löse das „Wer wird Millionär?"-Rätsel (M3). Kreuze jeweils die richtige Antwort an.

3 Trage in den Kasten „Das hat mich besonders interessiert" ein, was dich am Thema „Rom" interessiert hat, und erläutere warum.

Arbeitsheft Geschichte

Band 1: Von der Urgeschichte bis zum Ende des Römischen Reiches

Erarbeitet von: Andreas Angerstein und Marko Schulz, Magdeburg

Redaktion: Angela Lucke, Berlin

Bildassistenz: Christina Sandig

Umschlaggestaltung
und Layoutkonzept: Ungermeyer, grafische Angelegenheiten,
Silke Rosemeyer (unter Verwendung des Fotos
„Ägyptische Malerei" © Corbis)

Layout und
technische Umsetzung: Jutta Stindtmann, Berlin

www.cornelsen.de

Die Webseiten Dritter, deren Internetadressen in diesem Lehrwerk angegeben sind,
wurden vor Drucklegung sorgfältig geprüft. Der Verlag übernimmt keine Gewähr
für die Aktualität und den Inhalt dieser Seiten oder solcher, die mit ihnen verlinkt sind.

1. Auflage, 8. Druck 2024

Alle Drucke dieser Auflage sind inhaltlich unverändert
und können im Unterricht nebeneinander verwendet werden.

Druck: Athesiadruck GmbH

ISBN 978-3-06-064632-6

PEFC-zertifiziert
Dieses Produkt
stammt aus
nachhaltig
bewirtschafteten
Wäldern und
kontrollierten Quellen
PEFC/18-31-166   www.pefc.de